KB185607

AI 시대를 이기는
협업의 힘

AI 시대를 이기는 협업의 힘

김성락 지음

결국 일터의 혁신 DNA를
살리는 방법은 '협업'뿐이다

planb
DESIGN

차례

시작하며

인간의 생존과 번영은 협업의 역사와 다름없다.

천적이나 다름없는 육식 동물이 활개를 치던 원시 시대에 한없이 나약했던 인간은 서로 협업하며 종의 생존을 유지했다. 인간 사회는 약자의 시대부터 협업의 가치를 통해 발전해 왔다. 인간이 먹이사슬의 가장 꼭대기에 위치하고 난 후에도 각자 가치를 두고 있는 사회 집단의 유지와 번영을 위해 인간은 꾸준히 협업의 DNA를 발휘했다.

국가와 국가 간의 생존 게임에서 생존과 번영을 위해 국민끼리 협업했고, 산업이나 기업 간의 생존 게임에서도 생존과 번영을 위해 협업의 DNA를 발휘했다.

그뿐인가?

자신이 이룬 가정의 구성원들이 행복한 삶을 살아갈 수 있게 가족끼리 돕는 협업의 DNA는 굳이 추가적인 설명이 필요하지 않다. 물론, 그 과정에서 협업하지 않고 반대되는 선택을 한 사람들도 역사적으로 여럿 있었으나 대부분은 긍정적인 평가를 얻지 못했다.

협업의 DNA가 인간의 생존과 번영의 중심에 있었다는 점을 염두에 두고, 현재의 시대를 살펴보자.

COVID-19가 전 세계를 휩쓸고 ChatGPT로 대표되는 AI 시대가 도래했다. 지구온난화로 연일 기상이변이 전 세계 곳곳에서 벌어지고 있고, 각자의 이익을 우선시하는 과정에서 국가 간, 산업 간 전쟁도 곳곳에서 벌어지고 있다. 인류의 공동 번영과 같은 가치는 상대적으로 더 많이 가진 단체나 사람들을 중심으로 외면당한 지 오래다.

이러한 환경 속에서 각종 매체는 '인류의 위기'라는 표현을 일상화된 용어처럼 사용하고 있다. 그래서인지 오늘날을 살아가는 우리들은 지금의 시대에 불안을 느낀다. 내가 속해 있는 국가, 내가 일하고 있는 일터, 나의 보금자리인 가정.

마치 원시 시대에 보이지 않는 포식자들이 언제라도 내 생명과 터전을 앗아갈 것 같은 곳에 울타리 하나 없이 놓여 있는 느낌일지도 모르겠다. 안정적이고 평화롭다고 여겨졌던 사회에서 불현듯 느껴지는 불안은 우리를 다시 협업의 가치에 귀 기울이게 만들고 있다.

나는 우리가 몸담은 사회의 단위 중 생존에 가장 실질적인 영향을 미치고, 상위 집단(국가, 산업)과 하위 집단(가정) 사이에서 연결고리 역할을 하는 곳이 바로 일터라고 생각한다. 아주 큰 영향력을 갖고 있지 않은 평범한 사람들이 국가나 산업과 같은 집단에서 의미 있는 변화를 만들어 내는 것은 실질성이 없는 선언에 불과할 뿐이다. 그리고 가정은 자신의 존재가치를 이루는 가장 근본 단위이기 때문에 스스로 알아서 좋은 방향으로 노력을 기울이기 때문이다. 이를 고려해 보면, 우리가 몸담은 일터에서 변화의 추구와 실천은 우리를 둘러싼 불안한 환경에 대한 가장 의미 있는 대응이라고 볼 수 있다.

하지만 우리 일터에서 협업의 DNA는 상당 기간 상실되어 왔다고 해도 과언이 아니다. 이는 한 기업이 탄생해서 시장에서 일정 규모 이상으로 자리 잡게 되는 문화 발달 단계에서도 확인할 수 있다.

조직문화 발달 단계

Ad-hocracy(혁신 문화) 어떤 기업이 외부(시장) 지향적으로 유연하게 대응하며 가치를 창출하고 있다. 그 기업에는 혁신의 DNA가 넘치고 구성원들은 시장에 제대로 자리를 잡으려 협업하며 안간힘을 쓴다.

Clan(가족주의) 그 과정을 함께 이겨 낸 구성원들은 마치 제2의 가족이 된 것처럼 서로 간에 유대감이 넘친다. 유연하게 판단하고 인간주의적으로 배려하며 끈끈한 조직이 된다. 그러나 점점 더 규모가 커지게 되면서 체계가 필요하다는 것을 느낀다.

Hierarchy(위계 문화) 역할 체계 등과 같은 위계 시스템을 도입하게 된다. 의사결정과 업무 범위의 권한을 명확하게 정의해 관리/통제의 가능성을 높이는 것이다. 어느 정도 조직이 안정화되었다.

Market(시장지향 문화) 조직의 유지와 성장을 위해 통제의 정도는 유지하되 관심의 방향을 다시 외부(시장)로 돌린다. 어느 정도 규모도 있고 안정화된 기업으로 평가받는다.

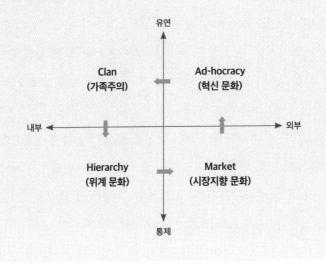

이 조직문화 발달 단계를 보면 협업의 DNA가 단계를 거칠수록 줄어든다는 점을 알 수 있다.

겉으로는 협업이 중요하다고 하지만, 어느 정도 시장에서 자리를 잡은 조직의 일터를 들여다보면 자기가 맡은 일이나 부서의 이해관계를 우선시하며 기존의 역할을 지기는 내 에너지의 대부분을 활용한다. 그리고 이런 문화와 사람들이 중심이 된 조직에서는 가치 중심의 성장과 혁신을 더 이상 찾아보기 힘들다.

여러분의 일터에서는 협업이 어떻게 이루어지고 있다고 생각하는가? 이러한 상황에 대한 문제의식을 느낀 선도적 기업들은 일터에 혁신의 DNA를 심기 위해서 여러 시도를 활발하게 해 오고 있다. 예를 들면, 구글은 20% Rule(20% 규칙)을 도입하여 본인의 업무와 별개로 개인적으로 관심 있는 주제에 대해 연구하고, 그 주제에 관심 있는 사람들끼리 모여 함께 아이디어를 개발하는 과정(그 활동 속에서 탄생한 대표 서비스 중 하나가 Gmail)을 제공한다.

애플은 부서 간 기술 교류 프로그램을 통해 다른 팀의 기술과 아이디어를 공유하고 협력할 수 있도록 장려한다. 에어비앤비는 서로 다른 팀의 직원들이 네트워킹하고 협업할 수 있는 커뮤니티 모임을 지원한다. 마이크로소프트는 매년 원위크One Week 행사를 열어 모든 직원이 일상 업무에서 벗어나 일주일간 관심 있는 프로젝트에 참여하여 아이디어를 구체화할 수 있는 기회를 제공한다. 이는 모두 협업의 DNA를 촉진하는 활동의 일환으로 볼 수 있다.

결국, 일터에서 상실된 혁신의 DNA를 살릴 수 있는 방법은 '협업'이다. 협업은 생존과 번영의 역사와 다름없다. 지금 내가 살아가고 있는 시대가 위기의 시대라고 느낀다면, 협업의 힘을 다시금 깨닫고 우리 모두 함께 성장할 수 있는 방법을 찾는 여정을 출발해 보자.

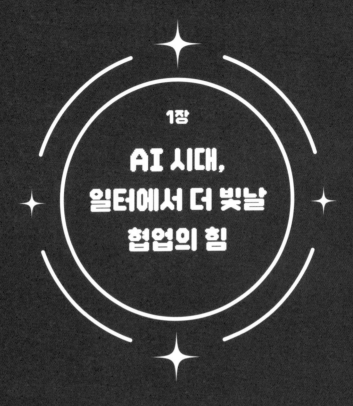

1장

AI 시대, 일터에서 더 빛날 협업의 힘

1장에서는 일터에서 더욱 강조될 협업의 중요성을 확인할 수 있습니다. 태국 치앙라이의 동굴 구조 사례를 통해 불가능한 문제를 해결하는 협업의 가치를 확인하고, 산업 간 경계가 모호해지고 기술이 급속히 발전하는 현대 사회에서 협업이 어떻게 비즈니스의 혁신과 개인의 성장을 촉진하는지 설명합니다. 협업이 개인과 조직에 미치는 다양한 긍정적 사례를 통해 협업의 힘을 느낄 수 있기를 기대합니다.

INTRO

　2018년 6월, 태국 치앙라이주에 위치한 통루앙 동굴에서 12명의 축구팀 소년들과 코치가 갑작스러운 폭우로 인해 동굴 안에 갇혔다. 이들은 당시 연습 후 동굴 탐험을 하던 중이었다.

　소년들과 코치가 약속된 시간에 축구 훈련에 나오지 않자, 이들의 행방을 찾는 과정에서 통루앙 동굴 입구 근처에서 소년들의 자전거와 배낭 등이 발견되었다. 소년들의 부모님과 친구들이 경찰에 신고했고, 동굴에 갇힌 축구팀 소년들을 구출하기 위한 작전이 본격적으로 시작되었다.

6월 24일

　실종 신고 후, 지역 소방관과 경찰이 동굴 내부로 들어가 소년들을 찾기 시작했다. 하지만 그들의 흔적만 발견되었을 뿐 구체적인 위치를 찾을 수 없었다.

1장 AI 시대, 일터에서 더 빛날 협업의 힘 **15**

6월 25~27일

장마로 인해 동굴의 물이 빠르게 차오르기 시작했다. 자체적으로 해결이 어렵다는 것을 직감한 태국 정부는 해외에 도움을 요청했고, 경험이 풍부한 영국의 동굴 탐험가인 리처드 스탠턴 등이 태국으로 급파되었다.

7월 2일

동굴 입구로부터 4km 떨어진 곳에서 소년들과 코치의 위치가 탐지되었다. 이 과정에서 베테랑 동굴 탐험가 리처드 스탠턴과 존 볼란선이 위치를 확인하고 구조 계획을 주도적으로 수립해 나갔다.

7월 3~7일

이들의 구조를 위해 다이버, 의사, 군인, 엔지니어, 커뮤니케이션 전문가, 자원봉사자들이 구조 작전에 참여했다. 엔지니어들은 물 펌프를 설치하여 동굴 내의 물을 제거하는 작업을 담당했고, 의료 전문가들은 소년들과 코치의 건강 상태를 담당했으며, 다이버는 진입 및 구출 경로 설계를 맡으며 구조 작업에 박차를 가했다.

7월 8~10일

전문 다이버가 투입되었다. 소년 1명을 구출할 때 2명의 다이버가 함께 움직였다. 의사들은 동굴 밖으로 나온 소년들의 건강 상태를 확인하고 필요한 의료 조치를 취했다. 커뮤니케이션 전문가는 이 상황을 효과적으로 정리하여 전 세계에 전달했다. 구조 작전 수행 과정에서 태국 해군 사만 쿠난이 사망하는 안타까운 상황도 있었지만, 전 세계의 지원과 응원 덕분에 소년들은 전원 무사히 구출되었다.

이 구조 작전은 전 세계 매체를 통해 방송되었고, 현재까지도 다큐멘터리와 영화의 소재로 활용되고 있다. 이는 많은 사람이 큰 감동을 느꼈기 때문인데, 그 감동 포인트 중 하나는 사람들이 힘을 합쳐서 불가능해 보이는 문제를 해결했다는 점이다. 특히, 서로가 가진 강점을 바탕으로 공동의 문제해결을 위해 역할을 분장하고, 긴밀하게 소통하며 불가능해 보이는 문제를 해결한 모습은 AI가 우리 생활 속으로 깊숙이 파고든 이 시대에 앞으로 어떤 방향으로 삶의 태도를 지녀야 하는지 알려 주는 이정표가 된다.

01

거부할 수 없는 시대의
변화와 협업

일터를 둘러싼 변화에 대해 먼저 살펴보자.

점점 가속화되는 사회와 기술 변화의 양상 속에서 산업 영역 간 경계는 불투명해지고, 비즈니스는 복잡화·거대화되어 가고 있다. 우리가 일상에서 필수재처럼 이용하는 자동차 산업을 보면 이 변화를 쉽게 체감할 수 있다.

미국의 디트로이트는 한때 내연기관 자동차 산업의 중심지였다. 하지만 산업의 변화에 따라 내연기관 자동차 제조업체들은 공장을 축소하거나 폐쇄하면서 많은 일자리가 사라졌다. 그러나 다행히도 최근 전기차 산업의 부상과 함께 디트로이트는 새로운 기회를 맞이하고 있다. GM과 같은 기업들이 전기차 생산 시설에 투자하면서 새로운 일자리를 창출하고 있는 것이다.

물론 그 일자리에는 이전과 달리 IT 개발자들이 상당수를 채우고 있다. 전기차는 기존 내연기관 자동차와 달리 많은 전자부품과 소프트웨어를 필요로 하기 때문에 IT 기술이 중요하다. 자율주행 기술, 배터리 관리 시스템, 차량 내 인포테인먼트 시스템 등 자동차 제조의 각 분야에서 IT 개발자들에 대한 요구가 높아지고 있다. 즉 IT와 자동차 산업 간의 융합은 거부할 수 없는 흐름이 되었다.

　내연기관 자동차를 전기차로 전환을 이끈 대표적인 인물을 떠올려 보자. 아마 여러분의 머릿속에서는 테슬라의 일론 머스크가 떠오를 것이다. 그런데 일론 머스크는 자동차 산업에서 또다시 새로운 패러다임을 제시하고 있다. 일론 머스크는 전기차가 단순히 화석 연료를 대체하는 수단을 넘어, 에너지 저장 및 소비 방식을 변화시킬 것이라며 사업 모델을 차량 판매에서 에너지 솔루션 제공으로 전환하는 데 속도를 내고 있다. 만약 이 방향이 유지된다면 우리는 IT 전문가, 자동차 전문가뿐만 아니라 에너지 전문가들이 함께 뛰어들어 자동차 산업의 다양한 가능성을 검토하는 장면을 목격하게 될 것이다.

　이처럼 산업과 산업 간의 융합은 거스를 수 없는 흐름이 되었다. 우리는 자신이 가진 특정 분야의 전문 지식을 넘어 다른 분야의 전문 지식을 가진 사람과 협력해야만 생존하거나, 더 큰 가치를 창출할 수 있는 환경 아래 서 있다는 의미이다.

　이 거부할 수 없는 흐름 속에서 그간 누려 왔던 것들을 여전히 누릴 수 있는 사람이 되기 위해 우리가 집중해야 할 것은 '협업'이다. 앞으로의 일터에서 요구되는 핵심 역량인 '협업'의 가치를 개발하고 실천하기 위해 어떤 것들이 요구되는지 가볍게 살펴보자.

자신에 대한 성찰

다른 사람과 협업할 수 있는 가능성은 자기 스스로에 대해 성찰할 수 있는 정도와 비례한다. 자기 자신에 대해 깊이 이해하는 만큼 다른 사람을 도와줄 수 있는 부분과 도움을 받을 수 있는 부분을 명확하게 구분할 수 있기 때문이다.

이솝우화에 나오는 두 동물의 이야기를 먼저 살펴보자.

한 동물은 양 속에서 자란 사자이고, 다른 한 동물은 작은 통나무에 다리가 묶인 채 지내고 있는 코끼리다.

먼저 사자의 이야기를 보자.

사냥꾼들이 어린 사자를 잡아 양 무리에 두고 떠났다. 어린 사자는 양들과 함께 자라면서 자신을 양이라고 생각하게 되었다. 사자는 양처럼 풀을 뜯고, 양처럼 울며, 양처럼 행동했다. 그러던 어느 날, 양 떼는 숲속에서 큰 사자를 만났다. 큰 사자는 양 무리에서 어린 사자를 발견하고는 깜짝 놀랐다. 큰 사자는 어린 사자에게 다가가 "너는 왜 양처럼 행동하고 있니? 너는 사자야!"라고 말했다. 하지만 어린 사자는 큰 사자의 말을 믿지 않았다. 자신이 양이라고 생각했기 때문이다. 답답했던 큰 사자는 어린 사자를 데리고 강가로 갔다. 그리고 강물에 비친 자신의 모습을 보게 했고, 어린 사자는 그제야 자신이 양이 아니라 사자라는 사실을 깨닫게 되었다. 자신의 힘을 각성한 어린 사자는 가족처럼 지내던 양 떼를 습격하는 다른 육식 동물들을 막아섰고, 양 떼는 어린 사자 덕분에 평화롭게 지내게 되었다.

이번에는 코끼리의 이야기를 보자.

코끼리는 어린 시절부터 한쪽 다리에 로프를 달아 통나무에 묶여 지냈다. 코끼리는 성인이 된 후에도 그 로프만큼의 길이를 벗어나지 못했다. 사실 성인이 된 코끼리에게 작은 통나무를 뽑아 버리는 것은 일도 아니다. 하지만 어린 시절부터 로프의 길이만큼만 움직일 수 있다고 학습된 코끼리는 그 이상의 거리를 움직일 시도조차 하지 않았다. 안타깝게도 코끼리에게는 앞선 우화의 사자처럼 자신의 진짜 모습을 알려 줄 존재가 없었다. 자신의 힘을 필요로 하는 상황이 벌어져도 자신이 무엇을 얼마만큼 할 수 있는지 모르는 코끼리는 그저 가만히 작은 통나무 근처만 서성일 뿐이다.

여러분은 이 우화를 읽으며 어떤 생각이 들었는가?

자신에 대해 명확하게 이해한다는 것은 자신의 강점이 무엇인지, 어떤 점을 보완해야 할 것인지 인식하게 해 주는 출발점이 된다. 이처럼 자신에 대해 성찰하는 행위는 자신의 존재가치를 명확히 하고, 나아가야 할 방향을 제시해 준다. 일터에서 자신의 강점을 효과적으로 활용하고 부족한 부분을 개선할 수 있는 사람은 동료와 협업할 수 있는 기회가 많아진다. 뿐만 아니라, 협업을 통해 동료와의 상호 작용이 많아질수록 자신에 대한 성찰의 기회가 많아지면서 선순환 구조를 구축하게 된다.

[그림 1] 성찰의 선순환 구조

전략적 문제 정의

많은 전문가가 AI 시대에는 문제의 본질을 중심으로 질문을 효과적으로 던질 수 있는 능력이 더욱 강조될 것이라는 점을 언급하고 있다. 질문의 수준과 범위에 따라 AI의 답변도 달라지기 때문이다. 많은 기업이 혁신을 통해 영속하는 기업을 꿈꾼다. 하지만 비즈니스에서는 ROI$^{Return on Investment}$와 같은 효율성·효과성 중심의 접근이 사업의 영속성이나 혁신을 보장해 주지 않는다.

오히려 우리가 살아가고 있는 세상에 대해 깊이 공감하고, 진정으로 가치 있는 문제를 발견하여 의미 있는 의제^{Agenda}로 세상에 제안할 수 있는지 여부가 혁신의 가능성과 영속성에 더 큰 영향을 미친다. 마치 태국 동굴 구조 사건에서 소년들을 가장 안전하고 신속하게 구출하는 인류애적 가치를 최우선의 목표로 삼고, 각 분야의 전문가들이 서로 긴밀하게 협업하여 불가능해 보였던 문제를 해결해 내는 과정을 통해 전 세계인들의 주목과 지지를 끌어낸 것처럼 말이다.

사람들에게 공감과 지지를 끌어내며, 가치 있는 의제를 제안하여 이끌어 가는 것을 비즈니스 세계에서는 '전략적 문제 정의'라고 칭한다.

엔비디아(NVIDIA)의 젠슨 황은
어떻게 비즈니스 리더로 우뚝 서게 되었나?

젠슨 황은 엔비디아를 그래픽 처리 장치^{GPU} 제조사에서 AI 분야의 선도 기업으로 탈바꿈했다. 엔비디아의 성공은 기존의 전통적인 비디오 게임 시장을 넘어 자동차, 헬스케어, 데이터 센터, 로봇 등 전 산업에서 AI 기술을 활용하는 방향으로 회사의 핵심 비전을 재정의하는 데서 비롯되었다. 특히, AI 연산에서 GPU의 역할을 강조하며 '새로운 컴퓨팅 시대'로의 전환을 선언했던 장면은 여전히 많은 매체를 통해 회자되고 있다.

엔비디아의 성공 전략에 대해 조금만 관심을 갖고 찾아보면, 성공의 핵심에는 '쿠다^{CUDA}'가 자리 잡고 있다는 점을 알 수 있다. 쿠다를 활용하면 복잡한 연산을 병렬로 연산할 수 있는 GPU를 활용하여 프로그래밍할 수 있다(참고로 CPU는 하나의 연산이 끝나야 다음 연산을 수행할 수 있어 속도에서 많은 차이가 발생한다).

엔비디아는 C 프로그래밍 언어 정도만 쓸 줄 하는 개발자라면 누구나 GPU를 활용하여 프로그래밍할 수 있도록 쿠다를 개발했고, 무료로 배포했다. 이는 개발자들이 계속 엔비디아를 이용할 수 있도록 개발자 생태계를 구축해야 한다는 판단으로 이루어진 전략적 행위였다.

국내 한 반도체 기업의 경영자는 "AI 반도체 관련 인재를 뽑으면 모두가 '엔비디아 GPU'와 '쿠다'를 쓰게 해 달라고 요구한다. 우리 회사가 자체 개발한 반도체와 소프트웨어를 통해 개발하자고 이야기하면 3배 이상의 시간이 필요하다고 말할 정도다"라고 언급할 만큼, 쿠다는 개발자들 사이에서 이미 견고한 생태계를 구축하고 있다.

단순한 그래픽 처리 장치^{GPU} 제조사였던 엔비디아가 이제는 AI를 활용하려는 사람이나 기업이라면 그 누구도 피해 갈 수 없는 제국이 되었다. 향후 가상 현실, 자율주행 자동차 등 다양한 산업 분야에서 AI 기술의 적용이 늘어나면서 엔비디아의 고성장은 앞으로도 지속될 것이라는 전망이 지배적이다.

'새로운 컴퓨팅 시대'를 내세운 젠슨 황과 엔비디아, 전략적으로 문제를 정의하여 제시할 수 있는 역량의 중요성과 파급력을 일깨워 주는 사례이다.

문제를 전략적으로 정의할 수 있는 역량의 중요성은 복잡성 및 리스크 관리 측면에서도 확인할 수 있다. 그렇다면 어떤 점에서 이 요소가 연관되는 것일까?

경제, 사회, 기술, 정책, 문화 등의 변화에 따라 시장 환경이 빠르게 변화할수록 기업은 여러 층위의 문제를 동시에 다룰 수밖에 없게 된다. 경제 동향에 따른 자재 수급의 문제를 다루면서도 트렌드 변화에 따라 최신 기술을 반영한 새로운 콘셉트의 서비스를 기획한다. 그리고 그 서비스가 국가별 규제 정책에 위배되는 점이 없는지를 동시다

발적으로 검토하는 복잡한 모습은 기업 현장의 흔한 모습이다.

그만큼 복잡한 문제들 속에서 우선순위를 구분하고, 가치 있는 문제에 선택과 집중을 하는 것의 중요성이 높아지고 있고, 그것을 실행하는 과정에서 발생하는 리스크를 동시에 점검하고 수시로 조정할 수 있는 능력이 사업 현장에서는 필수적으로 요구되고 있다. 그리고 이러한 것을 해낼 수 있는지 여부는 기업의 전략적 문제 정의 역량 수준에 기반한다.

여기서 우리가 좀 더 집중해 봐야 할 문제는 무엇일까?

바로 이 역량이 협업과 어떻게 연관되느냐는 점이다. 전략적 문제 정의는 협업과 매우 밀접하게 연관된다. 문제의 본질을 파악하고 창의적인 해결책을 모색하는 과정이 전략적 문제 정의 과정의 핵심이라면, 그것을 구성하는 실체는 다양한 배경과 전문성을 가진 동료들과 활발하게 소통하고 협업하는 과정을 통해 구현되기 때문이다. 동료들과 소통하고 협업하는 과정이 없다고 가정해 보자. 아마 개인이 혼자서 단독적으로 내리는 문제 정의는 제한적일 수밖에 없으며, 해결책의 범위도 협소해질 수밖에 없을 것이다.

엔비디아 젠슨 황의 사례를 개인의 뛰어난 통찰과 직관의 성공으로 여길 수도 있다. 하지만 여러 자료를 통해 확인할 수 있듯이 엔비디아의 성공에는 지포스 32개와 8개의 프로젝터를 활용해 슈팅 게임을 즐겼던 미국 스탠퍼드대학 출신의 이안 벅[Ian Buck]이 있었다. 그리고 약 120만 장의 이미지를 천여 개의 카테고리로 정확하게 분류하는 '이미지넷 챌린지' 대회에서 쿠다를 활용하여 프로그래밍한 프로그래머인 알렉스 크리제브스키와 '알렉스넷^{AlexNet}'의 우승이 있었다.

　세상을 이끌어 가는 전략적 문제 정의는 결국 개인의 절대적이고 독자적인 실행만이 아닌 각자 다른 사람들의 세계관이 상호 연결되고 통합되어 확대되는 과정에서 만들어지는 산물이라는 것을 기억할 필요가 있다.

[그림 2] 전략적 문제 정의의 기반

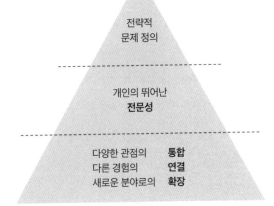

문제해결을 위한 실행(실천)력

앞에서 자신에 대한 성찰과 전략적 문제 정의 역량의 중요성을 살펴보았는데, 이를 현실에서 실행할 수 있는 힘인 '실행력'에 대해 살펴보자. 어떤 문제이든 그 해결의 완성은 실행, 실천이 이루어질 때 가능하다. 이런 점을 고려해 봤을 때, 실행력은 급변하는 요즘 시대에 대두된 역량이기보다는 과거에도 중요했고, 지금도 중요하고, 앞으로도 중요한 본원적 역량이라고 보는 것이 타당하다.

역사적 인물 나이팅게일의 이야기를 참고해 보자.

19세기 중반 크림 전쟁이 한창이던 시절, 영국의 간호사 나이팅게일은 부상을 입은 병사들이 부실한 의료 시설로 인해 사망하는 것을 목격했다. 나이팅게일은 병사들의 사망률을 줄이기 위해 사망 날짜와 원인, 의료 상황 등을 상세히 기록했다. 나이팅게일은 자신이 정리한 자료에 대한 분석을 바탕으로 병사들의 사망 원인이 질병이 아닌, 감염으로 인한 것임을 주장했다. 그리고 나이팅게일은 '로즈 다이어그램'이라고 하는 파이 차트를 사용하여 특정 기간 동안 감염으로 인한 사망이 차지하는 비중을 색상으로 구분하여 의사, 군 관계자 등이 한눈에 인식할 수 있게 했다.

그 외에도 나이팅게일은 다양한 방법을 통해 병원의 위생 환경 개선을 강력히 주장했고, 병원 내 청결 및 환기부터 감염 관리 프로토

콜 도입에 이르기까지 자신의 주장이 의료 현장에 적용될 수 있도록 노력했다. 그녀의 노력으로 병원은 청결하게 유지되었고, 병사들의 생존율을 높이는 결과로 이어졌다.

나이팅게일이 만약 높은 사망률에 대한 문제의식을 자신만의 생각으로만 그쳤다면 이러한 위대한 변화는 결코 만들어질 수 없었을 것이다. 많은 병사가 사망하는 전쟁 병원에서 관련 자료를 상세히 기록하고, 그 내용을 분석하여 이해관계자들에게 제시하고, 개선 활동을 하나하나 직접 실천한 나이팅게일의 실행력은 전략과 아이디어, 계획이 아무리 탁월하더라도 이를 현실에서 실천하지 않는다면 공상에 불과하다는 것을 느낄 수 있게 해 주는 사례다.

혹시 여러분의 주변에는 문제해결 과정에서 뛰어난 실행력을 보여 주는 사람이 있는가? 있다면 그 사람은 구체적으로 어떤 변화를 만들어 냈는가?

실행력은 우리가 상상하고 생각하는 것을 현실에서 결과로 변환해 주는 기폭제와 다름없다. 그리고 실행을 통해 무엇인가 구체적으로 변화가 이루어지면 가시화된 변화를 중심으로 하나둘 사람들이 모여들며 함께 그 변화를 추구하며 더욱 큰 힘을 형성하게 된다. 이처럼 높은 실행력은 다른 사람들로 하여금 제안된 의제에 함께 협업하는 것을 촉진하는 핵심 역량 중 하나다.

실천 없이는 그 어떤 변화도, 협업도 없다는 점을 꼭 기억하자.

'성찰', '전략적 문제 정의', '실행력' 등의 세 가지 핵심 역량을 협업과 연관 지어 살펴보았다. 요약하면 스스로에 대한 명확한 이해를 바탕으로 가치 있게 해결해야 할 문제의 우선순위를 파악하여 현실의 변화를 끌어내도록 실천할 수 있는 것으로 핵심 역량의 구체적 모습을 통합적으로 생각해 볼 수 있다. 핵심 역량을 발휘하는 것이 곧 협업의 가능성을 높이는 것이라고 강조하였는데, 다음 장에서는 협업이 일터에서 어떤 긍정적 효과를 만들어 내는지 살펴보도록 하자.

02

협업의 효과

다음 [그림 3]을 보자. 협업의 효과를 이미지로 나타낸 것인데, 재미 삼아 보며 협업의 긍정적 효과에 대해 자신만의 설명을 만들어 보자.

문제의 해결

협업의 가장 실질적인 목표를 꼽는다면, 그것은 바로 복잡한 문제의 효과적 해결이다. 복잡해지는 비즈니스 환경 속에서 개인이 가진 지식과 경험만으로 해결할 수 없는 수준의 문제가 더욱 많아지고 있다. 이를 극복할 수 있는 방법은 서로의 다양한 관점을 활용하여 함께 문제 상황을 해석하고, 창의적인 해결안을 도출하고 실행하는 것이다. 즉 복잡한 문제를 좀 더 효과적으로 해결하고자 한다면 협업은 필수적으로 고려해야 할 업무 방식이다.

[그림 3] 협업의 효과

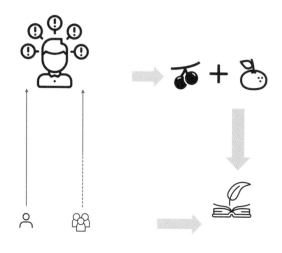

효율성의 증가

혼자서 문제에 접근하고 해결해 가는 방식보다 협업을 통해 훨씬 더 높은 효율로 복잡한 문제를 해결할 수 있다. 협업은 각자가 가진 강점을 기반으로 역할을 분담하기도 하고, 그 강점을 서로 공유하기도 한다. 강점 기반의 역할 분담과 공유는 시너지 창출로 이어져 업무 시간이나 자원 활용의 효율을 높이는 결과로 이어진다.

혁신의 촉진

서로 다른 배경과 전문성을 가진 구성원들이 함께 모여 문제해결을 위한 각자의 생각을 교환하는 과정은 협업에서 관찰되는 대표적인 특징 중 하나다. 이 과정에서 혼자서는 생각해 낼 수 없었던 혁신적이고 창의적인 아이디어가 파생되기도 하고, 이를 통해 애초에 목표했던 결과물을 넘어서는 새로운 산출물이 부가적으로 만들어지기도 한다.

학습 문화의 조성

협업은 구성원의 지속적인 학습과 발전을 촉진한다. 각자의 전문지식을 공유하는 과정에서 새로운 영역의 지식이나 스킬을 습득하게 되고, 기존에 자신이 갖고 있던 지식과 기술 체계가 융합되며 지식의 세계관을 넓히기 때문이다. 조직에 이러한 과정을 경험한 구성원이 늘어날수록 기존과 다른 관점을 적극적으로 학습하고 수용하는 문화가 구축되고, 이는 구성원 개인과 조직 전체의 성장 문화로 이어지게 된다.

협업의 긍정적 효과를 조직의 문제해결력 강화, 혁신 가능성의 증대, 효율성의 강화, 개인과 조직의 성장 문화 등의 측면에서 살펴보았다. 이를 통해 앞서 살펴봤던 '성찰', '전략적 문제 정의', '실행력' 등의 역량을 협업의 가치 아래에서 개발하고 발휘해야 하는 이유를 다시 한번 확인할 수 있다.

[그림 4] 협업의 효과

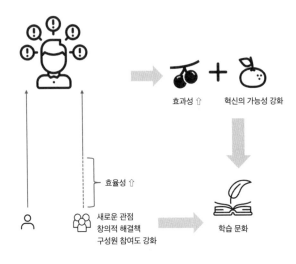

효과성 ⇧   혁신의 가능성 강화

효율성 ⇧

새로운 관점
창의적 해결책
구성원 참여도 강화

학습 문화

현재 몸담은 조직과 개인의 동반 성장을 가능하게 하는 교집합, 그것은 바로 '협업'이다. 그럼 '협업'의 가치를 실천하고 끌어내기 위해 우리가 개인 차원에서 어떤 노력을 기울여야 하는지 개인의 태도와 능력 차원에서 구체적으로 살펴보자.

2장

협업을 부르는 나

2장에서는 협업을 끌어내는 개인의 본원적 역량을 중심으로 내용을 살펴봅니다. 1장에서 시대의 변화 속에서 강조될 역량을 성찰, 전략적 문제 정의, 실행력으로 언급했는데, 이를 가능하게 하는 개인의 본원적 역량을 능력과 태도 측면에서 구체적으로 확인합니다. 2장의 마지막 부분에 있는 체크리스트를 통해 협업을 끌어내는 사람으로 거듭나기 위해 어떤 점이 자신의 강점이고 어떤 점을 보완해 나가야 할지 확인하여 자기 계발의 방향을 수립할 수 있기를 기대합니다.

INTRO

1970년 4월 11일, 아폴로 13호는 달 탐사를 위해 발사되었다. 그러나 발사 후 56시간 만에 산소탱크가 폭발하면서 제임스 러벨, 존 스위거트, 프레드 헤이스는 생명을 잃을 위기에 처하게 되었다. 절망적인 상황이었다.

산소탱크가 폭발해 우주선 내에서 생명을 유지할 수 있는 시스템은 손상되었고, 전력과 물의 사용도 제한되었고, 지구까지의 귀환 경로도 다시 계산해야만 했다. 이 열악한 상황에서도 선장 제임스 러벨의 긍정적인 태도와 격려 속에서 불가능으로 보였던 지구 귀환이 기적적으로 성공했다. 이 사례는 지금까지도 '실패한 성공'의 대표적인 사례로 회자되고 있다.

아폴로 13호가 성공적으로 귀환하게 된 것은 절체절명의 상황에서도 긍정을 바탕으로 각자 맡은 분야에서 헌신적인 태도로 효과적으로 소통하며 문제를 해결해 나갔기 때문이나. 만약, 산소탱크가 폭발한 순간 절망감에 휩싸여 지구로의 귀환을 포기했거나, 자신의 역할과 감정에만 매몰되었다면 과연 그들은 무사히 귀환할 수 있었을까?

서로 간의 헌신적 협업이 이루어지기 위해서는 각자가 적절한 태도와 능력을 발휘해야 한다. 그리고 그 과정에서 아폴로 13호의 러셀 선장처럼 남다른 태도와 능력으로 협업을 끌어내는 사람들이 있다.

애덤 그랜트[Adam Grant]는 자신의 저서 『기브 앤 테이크[Give & Take]』에서 인간의 유형을 Giver(기버), Taker(테이커), Matcher(매처)의 세 가지로 제시한다. 그중 Giver는 다른 사람을 도와주는 행위를 많이 하는 특징이 있는데, 이 특징으로 인해 타인으로부터 더 많은 요청을 받는다고 언급한다. Giver는 그 과정을 통해 조직에서 폭넓은 네트워크를 형성하며 높은 성과를 만들어 내고, 지속적이고 장기적인 성공의 발판을 마련한다는 점을 강조한다.

또한, 심리학자 캐서린 샌더슨[Catherine A. Sanderson]은 『생각이 바뀌는 순간[The Positive Shift]』에서 다른 사람을 돕는 행위가 개인의 행복과 사회적 연결 수준을 증진한다는 연구 결과를 제시한다. 그녀의 주장에 따르면 도움을 주고받는 빈도가 높은 사람들은 더 많은 사회적 지원을 받고, 자신뿐만 아니라 주변인들도 협력적으로 행동하도록 촉진한다고 한다.

이처럼 협업을 끌어내는 사람들은 무엇인가 남다른 특징이 있다는 점을 다양한 연구를 통해서도 유추해 볼 수 있다. 이번 장에서는 협업을 끌어내는 사람들의 특징을 태도와 능력으로 구분하여 살펴보고, 그 내용에 비춰 우리 개인이 얼마나 협업을 끌어낼 수 있는 준비가 되어 있는지 살펴보고자 한다.

　여러분도 본인의 주변에 협업을 끌어내는 사람이 있다면 한번 떠올려 보자. 그리고 주변에 있는 협업 고수들의 태도와 능력을 앞으로 설명할 내용과 비교해 보면 훨씬 더 유익하게 이 장을 살펴볼 수 있을 것이라고 확신한다.

03
협업을 부르는 사람의 태도 ①
긍정성

옛날 어느 마을에 한 농부가 여러 마리의 나귀를 기르고 있었는데, 그의 나귀 중 한 마리가 우물에 빠지고 말았다. 농부는 이웃들을 불러 도움을 요청했다. 우물가로 몰려든 이웃들은 우물이 너무 깊어 나귀를 끌어 올릴 수 없다고 생각했다. 그래서 그들은 우물에 흙을 덮어 나귀를 편히 잠들게 하기로 결정했다. 나귀는 사람들이 흙을 덮는 이유를 알지 못했다. 흙이 떨어질 때마다 나귀는 몸을 털어내고 흙을 밟고 올라섰고, 흙이 쌓이면서 나귀는 점점 위로 올라왔다. 사람들은 계속해서 흙을 던졌고, 나귀는 계속 흙을 털어내며 올라왔다.

이 모습을 지켜보던 한 아이가 어른들에게 외쳤다.

"나귀가 흙을 밟으면서 조금씩 올라오고 있어요!"

아이의 이야기를 들은 사람들은 계속 흙을 부었고, 나귀는 점점 더

위로 올라왔다. 마침내 나귀는 우물 가장자리까지 올라왔고, 한 번의 큰 점프로 우물 밖으로 나올 수 있었다.

이 짧은 우화는 협업을 대하는 우리의 태도 측면에서 시사점을 준다. 농부는 이웃들에게 도움(협업)을 요청했지만, 사람들은 문제를 없애려는 행동을 취했다. 하지만 아이는 그 상황을 면밀하게 관찰하며 나귀를 살릴 수 있는 방법을 포착했다. 이웃들이 평범한 사람들이라면 아이는 협업의 고수이다. 이 우화를 잘 기억하며 일터에서 우리가 협업하는 근본적 이유가 무엇인지에 대해 고민해 보자.

우리가 일터에서 협업하는 이유는 무엇일까?
바로 복잡하고 어려운 상황, 즉 문제를 좀 더 효과적으로 해결하기 위해서일 것이다. 그래서 협업의 상황에는 반드시 '문제'가 존재하기 마련이다. 협업에서 반드시 존재할 수밖에 없는 '문제'를 해결하려고 하기보다는 부정적인 태도로 회피하려고 한다면 협업의 효과성을 보기 어렵다.
현업 실무 현장의 사례를 통해 좀 더 구체적으로 이해해 보자.

사례 1

지민(R&D 부서): 안녕하세요! 이번에 우리 회사에서 새로 개발 중인 시제품의 양산성 테스트를 진행했으면 하는데요. 혹시 이 건으로 생산팀과 협업할 수 있을까요? 테스트를 통해 양산성을 높이기 위해 어떤 점을 개선해야 하는지 피드백도 받았으면 해서요.

성준(생산 부서): 그 시제품이 시장에서 효과가 있을지 확신이 있으세요? 시제품 하나 테스트하기 위해 생산라인을 하나 세운다는 게 회사 생산성 측면에서 좋은 접근일까요? 기존 생산 일정에 영향이 있을 것 같고, 저희가 함께 참관하며 피드백까지 드리기에는 여유가 없을 것 같은데요. 좀 더 고민해 봐야 할 것 같아요.

지민(R&D 부서): 네, 저희도 말씀해 주신 사항은 이해하고 있어요. 만약, 생산 일정상 지원이 어려우시면 다른 방법으로 협력할 수 있는 방안은 없을까요?

성준(생산 부서): 딱히 잘 떠오르지 않네요. 외부 협력사를 활용하는 방식이 가능할 수도 있는데 그것도 협력사에 확인해 봐야 하는 문제라서 불투명하네요. 아무래도 대안은 요청해 주신 곳에서 고민해 주면 좋을 것 같아요. 그럼 고민하셔서 별도 논의가 필요하다면 다시 요청해 주세요.

지민(R&D 부서): ….

지민(R&D 부서): 안녕하세요! 이번에 우리 회사에서 새로 개발 중인 시제품의 양산성 테스트를 진행했으면 하는데요. 혹시 이 건으로 생산팀과 협업할 수 있을까요? 테스트를 통해 양산성을 높이려면 어떤 점을 개선해야 하는지 피드백도 받았으면 해서요.

성준(생산 부서): 먼저 시제품 테스트 건으로 저희 팀과 사전에 상의해 주셔서 감사합니다. 이번 시제품 양산성 테스트가 R&D 부서 입장에서 매우 중요하다는 것을 저도 공감하고 있어요. 하지만 시제품 테스트를 위한 생산라인 배정 문제는 기존의 생산 일정과 비용에 부담을 줄 수 있는 상황이라 고민이 됩니다. 하지만 저도 부서 내부적으로 이번 테스트의 중요성에 대해서 공유하고 협업할 수 있는 다른 방법이 있을지 고민해 보겠습니다. 혹시 제가 추가적인 방안을 고민할 수 있게 시간을 좀 더 주실 수 있을까요?

지민(R&D 부서): 네, 생산 일정과 비용 문제로 어려움이 있음에도 불구하고 긍정적으로 고민해 주셔서 너무 감사해요. 저희도 회사의 생산 일정과 비용에 부정적 영향을 끼치지 않으면서 진행할 수 있는 방향으로 접근하는 것이 좋다는 생각입니다.

성준(생산 부서): 네, 저희 부서 상황을 이해해 주셔서 감사드립니다. 당장은 외부 협력사 중 지원이 가능한 곳이 있는지 확인해 보는 것이 필요할 것 같아요. 만약 가능한 곳이 있다면, 양산성 강화를 위해 어떤 점을 개선해야 하는지 저희가 현장에서 함께 검토하는 방법도 내부적으로 논의해 보겠습니다. 저희 부서 내부적으로 이러한 내용 전반에 대해 논의해서 최대한 가능한 방향을 찾아보겠습니다.

지민(R&D 부서): 정말 감사합니다!

이 두 가지 사례에서 주어진 상황은 같고, 협업을 요청받은 사람의 태도만 다를 뿐이다. [사례 1]의 경우, R&D 부서 지민 님은 성준 님에게 앞으로도 협업 요청을 꺼리게 될 확률이 높다. 그리고 만약 성준 님이 다른 건으로 R&D 부서의 지민 님에게 협업을 요청한다면 원활하게 협조를 받기 어려운 상황에 처하게 될 수도 있다. 그에 반해 [사례 2]의 경우, 성준 님이 제시한 대안이 잘 이루어지지 않더라도 최선을 다해 협조하고자 했던 점을 기억하고 있기 때문에, 그 결과가 어떻든 R&D 부서의 지민 님은 그 결과를 이해하고 받아들일 확률이 높다. 또한, [사례 2]의 성준 님이 지민 님에게 다른 건으로 협조 요청을 한다면 지민 님은 어떻게 해서든 도와주려고 할 것이다.

여러분이 떠올려 봤던 협업의 고수는 협업 요청에 대해 긍정적인 태도를 보이는가, 부정적인 태도를 보이는가? 문제 상황에 대한 긍정적인 태도는 현재의 협업뿐만 아니라 미래의 협업에도 큰 영향을 미친다. 만약 자신이 협업을 이끄는 사람이 되고 싶다면, 주어진 문제 상황에 대해서 자신이 얼마나 긍정적인 태도를 취하는지 먼저 점검해 보면 어떨까?

04

협업을 부르는 사람의 태도 ②
책임감

두 개의 드림팀이 있다.

한 팀은 1992년 올림픽에서 평균 48점 차이로 상대를 압도하며 우승한 미국의 올림픽 농구 대표팀이다. 이 팀에는 마이클 조던, 매직 존슨, 래리 버드 등 농구 역사상 최고의 선수들이 포함되었다. 선수 개개인이 뛰어난 기술과 스타성을 가지고 있기도 했지만, 개인의 스타성보다는 팀으로서 서로의 역할을 조정하고 책임감을 발휘하며 압도적인 승리를 거두었던 드림팀으로 올림픽 시즌마다 회자되고 있다.

선수들은 경기에서 자신의 개인기를 발휘하는 것보다 서로의 상황을 주의 깊게 살피고, 서로에게 더 많은 기회를 제공하는 모습으로 팀 전체의 성과를 극대화했다. 마이클 조던은 자신도 득점하면서 매직 존슨이나 래리 버드의 득점 기회를 지원했고, 매직 존슨은 어시스트를 통해 팀 동료들이 보다 쉽게 득점할 수 있는 공간을 만들어 주었다. 이들이 원팀으로서 고르게 활약했다는 사실은 기록에서도 확인된다.

[표 1] 1992년 미국 농구 국가 대표팀 주요 선수 기록

선수	평균 득점(점)	평균 어시스트(개)	평균 리바운드(개)
마이클 조던	14.9	4.8	2.9
매직 존슨	8	5.5	2.3
래리 버드	8.4	3.8	3.6
찰스 바클리	18	2.4	4.1
카를 말론	13	1.4	5.3
데이비드 로빈슨	9	0.9	4.1
크리스 멀린	12.9	1.6	3.3

1992년 드림팀의 득점, 어시스트, 리바운드 수치에 대해 1996년, 2000년 미국 농구 대표팀과의 변동계수Coefficient of Variation, CV를 비교해 봤다. 참고로 변동계수는 표준편차를 평균으로 나눈 값으로 기록의 상대적 분산을 나타낸다. 즉 변동계수 값이 작을수록 선수들이 고르게 활약한다는 것을 의미한다.

[표 2] 미국 농구 국가 대표팀 간 득점의 평균/표준편차/변동계수

팀 / 연도	평균	표준편차	변동계수
1992년 대표팀	12.03	3.83	0.32
1996년 대표팀	8.47	3.54	0.42
2000년 대표팀	9.74	3.26	0.33

[표 3] 미국 농구 국가대표팀 간 어시스트의 평균/표준편차/변동계수

팀 / 연도	평균	표준편차	변동계수
1992년 대표팀	2.77	1.6	0.58
1996년 대표팀	2.04	1.35	0.66
2000년 대표팀	2.06	1.7	0.83

[표 4] 미국 농구 국가대표팀 간 리바운드의 평균/표준편차/변동계수

팀 / 연도	평균	표준편차	변동계수
1992년 대표팀	3.66	0.97	0.26
1996년 대표팀	3.46	1.85	0.53
2000년 대표팀	4.3	2.47	0.57

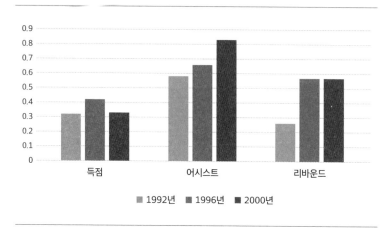

[그림 5] 1992~2000년 미국 농구 국가대표팀 변동계수 그래프

[그림 5]의 변동계수 그래프를 통해 확인할 수 있듯이, 1992년 미국 농구 대표팀이 30여 년이 지난 현재까지 진정한 드림팀으로 불리는 것은 특정 선수의 화려한 개인기가 아닌 팀원 전체가 하나의 팀으로 균형 있는 책임감을 발휘했기 때문이라는 점을 알 수 있다.

여기에 또 다른 드림팀이 있다.

2004년 유로 챔피언십에 출전한 잉글랜드 국가대표팀이다. 이 팀에는 데이비드 베컴, 스티븐 제라드, 프랭크 램파드, 웨인 루니 등 세계 최고의 선수들이 포함되어 황금 세대라는 칭호를 얻었다. 그러나 각 선수가 뛰어난 개인기를 갖고 있었지만, 팀으로서는 낙제점이었다.

황금세대로 불렸던 이 대표팀은 포르투갈과의 경기에서 승부차기 끝에 패배하며 8강에서 탈락하고 말았다. 언론에서는 선수 개인의 뛰어난 개인기가 오히려 팀워크를 방해하고, 서로를 효과적으로 활용하거나 지원하지 못했다는 비판이 폭발했다(농구 대표팀의 사례와 중복되는 성격이 있어 구체적인 데이터는 책에 담지 않았으나 이때 잉글랜드 국가대표팀의 득점, 어시스트, 선수 평점 등 주요 항목별 변동계수CV는 포르투갈팀보다 높게 나타난다).

책임감은 자신의 역할을 충실히 수행하는 것에서 시작된다. 그러나 '협업을 이끄는 책임감'은 그것만으로 부족하다. '협업을 이끄는 책임감'은 자신의 역할을 넘어 팀 전체의 목표를 위해 행동하고, 나의 것을 일부 포기하더라도 전체의 목표 달성을 위해 동료를 돕고 지원하는 태도를 의미한다.

마치 스포츠 경기에서 모든 선수가 팀의 주장과 같은 모습을 떠올려 보면 구체적인 모습이 좀 더 쉽게 이해될 것이라고 생각한다. 자신이 맡은 역할을 충실히 수행하는 것을 넘어 원팀으로서 각자의 활동이 보다 유기적으로 작동하고 연결될 수 있도록 하는 것이 협업에서 강조하는 '책임감'이라는 점을 다시 한번 확인하며, 다음 내용을 살펴보자.

역할과 책임(R&R) 정의와
구성원의 태도가 협업에 미치는 영향

지원(마케팅팀): 안녕하세요, 태민 님. 저희 팀에서 가을 시즌 캠페인 방향을 수립하고 있는데요. 자사 아동의류 구매 고객 분석 업무를 기획팀과 협업하고 싶어서 연락드렸습니다.

태민(기획팀): 그걸 왜 저희 팀에 요청하시는 거죠? 고객 데이터 분석은 저희 부서의 업무가 아닌 것 같은데요…?

지원(마케팅팀): 태민 님도 잘 아시겠지만, 기존에는 저희 마케팅팀에서 고객 분석 업무를 약식으로 진행했어요. 그런데 저희 팀 자체적으로 진행하는 것은 다루는 범위도 좁고, 아동의류 외 고객 집단과의 통합적 분석이 미비하다고 판단되어서 요청을 드리게 되었어요. 사내에 고객 분석 업무를 전문으로 다루는 부서가 있지도 않고요.

태민(기획팀): 네. 상황은 공감합니다만, 저희 부서 R&R이 아니라서요.

지원(마케팅팀): 회사의 방향을 기획하는 곳은 우리 회사에서 기획팀이 유일한데, 그럼 어디에 이 업무를 상의하면 좋을까요?

태민(기획팀): 글쎄요? 저도 잘 모르겠네요.

지원(마케팅팀): ….

사례 2

(사례 1과 동일한 상황)

지원(마케팅팀): 회사 방향성에 대해 고민하고 기획하는 곳은 우리 회사에서 기획팀이 유일한데 이 문제를 어떻게 접근하면 좋을까요?

태민(기획팀): 저희 팀에서 고객 분석 업무를 맡고 있지는 않아요. 하지만 저희가 수립한 전략에서 캠페인의 구체적인 방향성을 고려해야 하는 사안으로 볼 수 있어서 저희도 함께 고민하는 것이 필요할 것 같네요. 다만 현실적으로 저희 부서가 분석 업무 실무를 커버하기는 어려울 것 같아요. 유관부서로 판단되는 곳들을 모아 이 문제에 대해 함께 논의하는 자리를 만들어 보면 어떨까요?

지원(마케팅팀): 네, 그것도 좋은 방식이 될 수 있을 것 같아요. 비슷한 어려움을 가진 부서도 있을 것 같고, 서로 상황이나 의견을 공유하면서 도움도 받을 수 있을 것 같아요.

태민(기획팀): 감사합니다. 그 논의를 통해 저희도 어떤 부분에서 좀 더 구체적인 도움을 드릴 수 있을지 고민해 보겠습니다.

지원(마케팅팀): 저도 감사드려요. 기획 부서에서 이렇게 현업의 어려움을 공감하고 도와주려고 하셔서 너무 좋네요.

태민(기획팀): 전략이 실행과 연결되지 않으면 소용없잖아요. 크게 보면 결국 저희 부서에서 함께 노력해야 하는 일 중 하나인 것이죠.

[사례 1]에서 기획팀의 태민은 자신의 역할을 좁게 해석한 반면, [사례 2]의 태민은 자신의 역할을 넓게 해석하며 조직 전체의 목표를 고려하는 태도를 보였고, 이는 협업의 가능성을 높이고 있다.

보통 부서별 역할과 책임(이하 R&R)에 근거하여 이루어지는 협업은 원활하게 이루어지는 경우가 많다. 반면에 R&R이 분명하지 않은 Gray Zone(회색 지대, 명확한 규정이나 경계가 없는 애매하거나 불확실한 상태)의 영역에서는 협업이 원활하게 이루어지지 않는 경우가 많이 생긴다.

여러분의 조직을 떠올려 보자. 아마 Gray Zone에서 비롯되는 원활하지 않은 협업의 모습을 많이 떠올리고 있을 것이다. 그런데 사실 이 문제는 조직의 R&R을 잘 설계하는 것과 관계없이 발생하는 문제이다. 왜냐하면 실무 담당자마다 R&R에 대해 인식하는 수준, 해석하는 방식, 태도 등에 차이가 있기 때문이다.

여러분의 조직에서도 R&R의 불분명함으로 인해 협업이 잘 안 되는지, 그것을 인식하고 해석하는 태도의 문제로 협업이 잘 안 되는지 떠올려 보면 쉽게 공감할 수 있을 것이다. 즉 효과적이고 원활한 협업에는 반드시 각자의 적절한 태도가 수반되어야 한다.

더욱 강력한 확신과 공감을 위해 구성원 각자가 자신의 역할 범위와 수준을 넓혀 접근하는 태도(협업을 끌어내는 책임감)의 필요성을 좀 더 깊게 살펴보자.

[그림 6] R&R 정의 정도와 구성원 개인의 태도

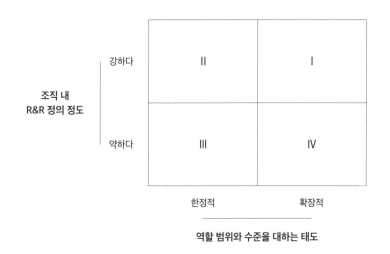

역할 범위와 수준을 대하는 태도

I 분면

조직 내 R&R을 명확히 정의하고, 구성원들이 자신의 역할을 넓게 해석하는 모습이다. 이 영역의 구성원들은 자신의 책임과 역할을 명확히 알고 이를 적극적으로 수행하려는 태도를 가지는 것이 일반적이다.

그러나 또 다른 한편으로 구성원이나 부서 간 알력 다툼이 발생할 가능성도 크다. 구성원 각자가 자신의 역할 범위를 넓게 대하다 보면, 상대방 입장에서는 자신의 역할을 침범한다고 느낄 수 있기 때문이다.

만약 조직 내에서 I분면의 영역에서 부정적 문제가 부각한다면 어떤 점을 점검해 봐야 할까?

첫째, 다수가 접근 가능한 의사소통 채널 구축

당사자뿐만 아니라 모든 구성원이 함께 접근할 수 있는 의사소통 채널이 마련되어 있는지 확인해 볼 수 있다. 구성원들이 함께 접근할 수 있는 의사소통 채널을 통해 소통의 투명성을 높일 수 있기 때문이다. 다수의 구성원이 함께 참여하는 소통 공간에서는 집단의 주시를 통해 각 개인의 사회적 바람직성Social Desirability을 촉진하게 되고, 각 개인의 행동 방향은 특정인의 이해관계가 아닌 조직 차원의 이익 관점에서 접근하게 될 가능성이 커진다. 따라서 다수가 접근 가능한 의사소통 채널을 마련하여 개인이나 특정 부서의 이해관계를 위한 알력 다툼으로 협업 활동이 변질되는 것을 예방할 수 있다.

둘째, 정기적 미팅

당사자 간에 정기적 미팅을 통해 각자의 R&R을 상호 확인하고 이해하는 시간을 가져야 한다. 특히 이 과정에서 모호하거나 중복되는 부분을 상호 조정하는 절차를 거쳐야 한다. 이러한 활동을 통해 조직 차원의 R&R에 대한 정의와 개인의 적극적 태도가 상호 조화를 이루며, 조직 내 협업이 원활하게 이루어질 가능성이 커진다.

II분면

조직 내 R&R을 명확히 정의하고 있으나 구성원이 자신의 역할 범위를 좁게 대하고 있다. 이 영역의 경우 R&R을 기반으로 한 협업은 원활하게 이루어지겠지만, Gray Zone에서 문제가 반복적으로 발생할 가능성이 크다. 왜냐하면 구성원들은 자신의 R&R으로 규정된 것이 아니면 주도적으로 나서려고 하지 않기 때문이다. 결국, 모호한 업무에 대해 외면하거나 다른 동료에게 떠넘기는 식의 행동이 나타날 수 있다.

이 유형은 주로 관료주의적 색채가 강한 조직에서 많이 나타나게 된다. 구성원들이 모호한 업무에 관여했다가 책임소재에 휘말리게 되고, 관여하더라도 실제적인 추진력을 갖지 못하는 상황을 상상해 볼 수 있다. 보통 이러한 상황에 처하게 되면 더 강하고 촘촘한 R&R을 규정하여 문제를 해결하려는 경우가 많다. 하지만 이런 식의 조치는 조직의 경직성을 초래하고, 구성원들이 자신의 역할 범위와 수준을 소극적으로 대하게 만드는 등 악순환을 촉진할 수 있다는 점을 고려할 필요가 있다.

따라서 본인의 조직이 이러한 상황에 처해 있다고 판단되면, R&R의 정의나 구성원 개인의 태도 문제보다는 조직문화의 경직성을 먼저 검토해 보는 것을 추천한다. 조직문화의 경직성을 먼저 해소한 후, R&R의 명확성을 보완하는 순차적이고 점진적인 접근이 문제의 원인을 본질적으로 개선할 수 있는 접근 방식이 될 수 있다.

III분면

조직 내 R&R을 정의하는 수준이 약하고, 구성원도 자신의 역할 범위를 좁게 대하고 있다. 즉 어떤 일을 누가 수행해야 하는지 잘 구분되어 있지 않고, 구성원은 자신이 맡고 있는 일 외에는 철저하게 외면하는 모습을 상상해 볼 수 있다. 이 영역은 협업을 논의할 단계가 아니라 조직의 기초를 다시 점검해야 하는 영역이다.

참고로 조직의 기초를 점검하는 구체적인 내용에는 R&R 재정의, 의사소통 체계 구축, 구성원 개인 책임감 강화 등이 해당하며, 조직 시스템, 문화, 구성원 개인의 태도 등 전체적인 요소를 원점$^{Zero\ Base}$에서 재검토해야 한다.

IV분면

조직 내 R&R의 정의가 명확하지 않지만, 구성원들이 자신의 역할 범위를 넓게 대하는 영역이다. 예를 들면 죽음의 계곡$^{Death\ Valley}$을 함께 극복하고, 착실하게 성장하고 있는 스타트업을 상상해 볼 수 있다. 회사를 둘러싼 상황이 급변하고 있어 군이 R&R을 명확히 나누지 않더라도, 자발적으로 나서는 조직문화 덕분에 주요 영역만을 구분하는 경우가 많다. 대략적으로 R&R을 정의해 두더라도 구성원들이 활발하게 소통하며 서로의 역할을 지원하기 때문에 조직은 매우 효과적으로 운영될 가능성이 크다.

다만, 이러한 상황이 지속할 경우 조직 운영 전반에 과부하가 축적

될 수 있다. 따라서 협업이 잘 이루어지고 있을 때 조직 내 R&R에 대한 정의를 강화해 나가는 것을 추천한다.

R&R 정의의 수준과 구성원이 자신의 역할 범위를 대하는 태도가 협업에 미치는 영향을 주요 영역별로 살펴보았다. 이 내용을 통해 상황 특성을 고려하며 협업을 촉진하는 활동을 진행해야 한다는 점과 R&R의 정의 수준과 무관하게 구성원 각자가 자신의 역할 범위를 넓게 대하는 태도를 유지할 때 협업의 가능성이 커진다는 점을 확인할 수 있을 것이다.

앞에서도 언급했지만, 책임감은 자신의 역할을 충실히 수행하는 것에서 시작된다. 그러나 '협업을 이끄는 책임감'은 자신의 역할을 넘어 전체의 목표를 위해 지원하고 행동하는 태도를 의미한다.

내가 일터에서 보이고 있는 책임감의 수준은 어떤지 각자 고민해 보며, 협업을 부르는 사람들의 남다른 태도 '겸손'에 대해 살펴보자.

05
협업을 부르는 사람의 태도 ③
겸손

1860년 미국 역사상 가장 분열된 시기로 불리는 때 대통령으로 당선된 사람이 있다. 바로 에이브러햄 링컨이다. 당시 미국의 남부는 농업 경제 중심으로 노예 노동에 크게 의존하고 있었고, 북부는 점점 더 산업화하면서 노예제에 반대하는 기류가 강했다. 링컨이 속해 있던 공화당에서는 노예제의 확대를 반대하는 입장이었고, 링컨의 당선은 사우스캐롤라이나를 비롯한 미국의 남부 여러 주의 연방 탈퇴를 부추기는 기폭제가 되었다.

링컨은 전쟁을 종식하고 분열된 나라를 통합하기 위해 강력하고 다양한 내각이 필요하다고 판단했다. 그리고 그 조치의 일환으로 자신의 정치적 경쟁자를 내각에 포함하는 결단을 내렸다. 1860년 대통령 후보 경선에서 링컨에게 패배했던 시워드가 국무장관으로 임명

되었고, 링컨의 경제 정책을 강력히 비판해 왔던 체이스를 재무장관으로 임명하였다. 뿐만 아니라 링컨을 경멸한다고 알려졌던 스탠턴을 전쟁장관으로 임명했다.

링컨은 그들의 의견을 경청하려고 노력했고, 그들이 가진 다양한 관점을 통해 더 나은 결정을 내리고자 했다. 링컨은 그들의 의견을 존중하고 귀담아듣는 한편, 나라를 통합하고 노예제를 폐지하겠다는 내각의 공동 목표를 제시했다. 그 공동 목표 아래에서 내각의 구성원들은 각자의 역할을 주도적으로 수행하면서 협력했고, 링컨은 미국 내전 승리와 노예 해방이라는 큰 성과를 거둘 수 있었다.

링컨의 사례를 볼 때마다 한 CEO의 이야기가 떠오른다. 그는 "CHO(인사담당최고책임자)를 선임할 때 항상 자신과 다른 생각, 자신과 반대되는 생각을 가진 사람을 세우려고 노력한다"라고 말했다. 그 이유에 대해 물어보니, 자신이 완벽하지 않기 때문에 자신과 비슷한 수준의 영향력을 가진 사람 중 적절하게 생각의 견제와 균형을 맞춰줄 수 있는 사람을 의도적으로 배치하는 것이라고 했다.

여러분은 링컨과 이 CEO의 이야기를 보며 어떤 생각이 떠오르는가? 보통 자신과 생각이 다르면 협업이 저해된다고 여기는 것이 일반적이다. 하지만 자신의 한계를 인정하고 자신과 다른 입장과 의견을 진정으로 받아들이고자 하는 태도를 보인다면 이야기가 달라진다. 오히려 상대방은 그 사람이 보이는 '겸손'의 태도에 더 협력적으로 고민하고 토론하며 균형 잡힌 해결안을 도출하려고 한다.

가끔 겸손을 인간적 매너나 예의 등으로만 여기는 사람들이 있다. 하지만 지금까지 살펴본 내용들을 미루어 봤을 때, 협업에서 이야기하는 '겸손'은 서로 간의 긍정적이고 효과적 의사소통을 촉진하는 소통 태도에 좀 더 가깝다고 생각할 수 있다.

'겸손'에 대한 중요성을 공감했다면, 이 태도를 강화하기 위한 구체적인 방법을 살펴보자.

겸손한 태도를 강화하기 위한 방법은 없을까?

겸손한 태도의 중요성을 이해하는 것과 겸손한 태도를 현실에서 발휘하는 것은 별개의 문제이다. 겸손한 태도를 강화하기 위해 노력할 수 있는 방법은 어떤 것들이 있는지 함께 살펴보자.

첫째, 성찰을 통한 자기 객관화

자기 자신에 대한 성찰Reflection을 통해 꼭 얻어야 할 것이 있다면 그것은 무엇일까? '겸손'이라는 주제의 특성으로 고려해 본다면, 성찰을 통해 꼭 얻어야 할 한 가지는 바로 '자기 객관화'이다. 왜냐하면 자기 객관화는 자신의 미숙한 부분을 스스로 인식하게 만들 뿐만 아니라, 그것을 개선하기 위한 노력을 촉진하게 되는데, 그 과정을 '겸손'으로 설명할 수 있기 때문이다.

자기 객관화란, '있는 그대로의 자신'과 '자기 스스로를 바라보는 모습', '남들이 바라보는 자신' 간의 차이를 이해하는 것이다. 자기 객관화가 높은 사람은 있는 그대로의 자신과 자기 스스로에 대한 인식, 다른 사람이 자신에 대해 어떻게 생각하고 있는지를 깊게 이해하고 있다. 그래서 무엇이든 다 잘할 수 있다고 생각하기보다는 할 수 있는 것과 하지 못하는 것을 객관적으로 구별하고, 자신의 부족한 부분을 개발해 나가는 행동의 특징을 보이게 되는 것이다.

이러한 자기 객관화는 자신을 성찰하는 과정을 축적함으로써 가능해지는데, '자기 자신에 대한 정기적 일기 작성', '내 마음과 거리 두기(ex. 우울할 때 설거지하는 행동을 통해 내 감정으로부터 멀어지기)', '비판적으로 시뮬레이션해 보기', '신뢰할 수 있는 친구나 동료에게 솔직한 피드백 받기' 등과 같은 방식으로 자기 객관화를 촉진할 수 있다.

[사례 1] 자기 객관화를 위한 정기적 일기 작성(샘플)

My Reflection Diary

날짜: 2024년 7월 1일

주요 이벤트
- 팀 회의에서 프로젝트 진행 상황 점검
- 프로젝트 지연에 대해 논의

나의 감정
- 프로젝트 지연에 대해 민감하게 생각하지 않는다고 느낌
- 회의에서 문제 제기하는 것을 팀원들이 귀담아 듣지 않는 것처럼 느낌

나의 행동
- 강한 단어를 써 가며 불만을 표출함
- 문제에 대해 공감하지 않는다는 생각에 목소리가 점점 높아짐

나의 성찰
- 팀원들의 의견을 들어보려는 시도를 하지 않고 내 마음속 감정으로 팀원들의 태도를 폄하했음
- 냉정을 유지하지 못하고 감정적인 소통을 하여 논의다운 논의를 하지 못했음
- 팀원들의 의견을 나 먼저 경청하고, 비판보다는 해결책을 모색해 보려는 자세를 가져야겠음
- 감정 조절이 되지 않을 것 같을 때는 공식 회의 소집을 자제

신뢰할 수 있는 동료에게 솔직한 피드백 구하기

지은: 수진아, 나 요즘 팀원들과 소통이 잘 안 되는 것 같아. 내가 소통할 때 어떤 부분이 부족한지 솔직한 피드백을 좀 줄 수 있을까? 팀원-팀장의 관계가 아니라 동기 입장에서 눈물이 날 정도로 솔직하게 이야기해 주면 좋겠어.

수진: 잘하고 있어. 그렇게 너무 자책할 일은 아닌 것 같은데. 그래도 너 스스로 돌아보기 위해서 요청하는 것으로 알고 팀원들 입장이 되어서 좀 강하게 말해 줄게. 이해해 줘. 회의에서 너무 주도적으로 이끄는 경향이 있어. 팀장이 모든 안건에 대해서 논의를 주도해 가니 팀원 입장에서는 다른 입장을 내기가 어려워.

지은: 팀원들이 더 많이 참여할 수 있도록 회의 방식을 바꿔 봐야겠네.

수진: 방식도 중요하고, 회의에서 말하는 비중을 줄이는 것도 신경 쓰면 좋을 것 같아. 가급적 팀원들이 먼저 충분히 이야기하고 나면, 그 후에 팀장으로서 의사결정하거나 방향을 정해 주는 소통을 하면 더 좋을 것 같아.

지은: 그 외에는 더 없을까?

수진: 음… 피드백을 줄 때 너무 직설적으로 말하는 경향이 있어. 좀 더 부드럽게 말해 주면 팀원들도 팀장의 피드백을 긍정적으로 받아들일 것 같아.

둘째, 타인의 의견 경청

사람이 듣는 태도는 나의 관점과 상대방의 관점으로 분류할 수 있는데, ① 무시, ② 듣는 척, ③ 선택적 듣기, ④ 공감적 듣기의 네 가지 구체적인 모습으로 나눌 수 있다.

[그림 7] 듣는 태도에 따른 관점 분류

[그림 7]에서 보는 것처럼 나의 관점으로 듣는 행위는 경청에 해당하지 않는다. 경청은 내가 아닌 상대방의 관점에서 상대방의 입장에 깊이 공감하며 들을 때 가능해진다.

상사와 대화할 때를 떠올려 보자. 상사가 나의 이야기를 듣는 척하거나, 나의 말을 선택적으로 들을 때 어떤 기분이 드는가? 아마 솔직한 의견을 어느 순간부터 말하기 꺼려질 것이다. 즉 입을 닫아 버리는 것이다.

상대방이 나의 듣는 태도로 인해 나와 대화를 하고 싶지 않다는 것은 나에 대한 타인의 객관적 피드백을 들을 수 있는 가능성이 줄어든다는 것을 의미한다. '성찰'과 관련된 내용에서도 확인했지만, 나의 생각에만 사로잡히게 되면 나를 객관적으로 이해할 수 있는 기회가 줄어들게 된다.

셋째, 열린 자세로 투명한 소통

세 번째 방법은 열린 자세로 투명하게 소통하는 것이다. 겸손은 무조건적으로 타인에게 맞춰 주고 수용하는 것을 의미하지 않는다. 내 의견을 투명하게 소통할 수 있는 태도도 매우 중요하다.

어떤 사안에 대해 자신의 의견 없이 맹목적으로 상대방에게만 맞추려고 하는 태도를 가진 사람에 대해 어떤 생각과 느낌이 드는가? 상대방이 겸손하다는 생각이 드는가? 속내를 알 수 없다는 식의 부정적 생각이 드는가?

대부분은 후자의 부정적 생각이 더 많이 든다고 이야기하는 것이 일반적이다. 이처럼 자신의 의견을 투명하게 소통하는 태도는 진정성과 직결된다. 진정성 없이 무조건적으로 맞춰 주려는 태도는 겸손으로 여겨지기보다 아부로 남을 수 있다는 점을 명심하자.

지금까지 겸손의 태도를 강화하기 위한 방법 세 가지를 살펴보았다.

요약하면 '겸손'은 자기 개관회를 바탕으로 타인의 이야기를 경청하되 자신의 의견을 열린 자세로 투명하게 소통하는 과정을 통해 형성된다. 자신의 겸손한 태도를 강화하기 위해 어떤 점을 좀 더 노력해야 한다고 느꼈는지 꼭 기억해 보며 겸손한 태도를 평소에 관리해야 하는 이유를 살펴보자.

평소에 겸손한 태도를 관리해야 하는 이유

> **사례**
>
> **민수:** 팀장님, 기획관리팀 김 차장님이 미팅 요청을 하셔서 잠깐 회의 다녀오겠습니다.
>
> **팀장:** 기획관리팀에서 우리 회계팀에 어떤 건으로 미팅 요청을 한 것인가요?
>
> **민수:** 이번에 분기 단위 예산 가이던스 작성 기준을 바꿔 보려고 하나 봐요.
>
> **팀장:** 민수 과장, 가뜩이나 현업에서 분기 단위로 예산 가이던스 계획과 집행 결과를 제출하는 것에 대해 분위기가 안 좋았잖아요. 예산 가이던스 작성에 대해 현업 부서들의 분위기가 안 좋아서 괜히 우리 쪽에 그 책임을 넘기려는 것일 수도 있으니 웬만하면 그 업무에 우리 부서가 연관되지 않도록 논의해 주면 좋겠어요.

> **민수:** 네, 팀장님. 저도 비슷한 생각이에요. 매번 일방적으로 정해서 통보하는 경우도 많고, 이슈가 발생하면 이렇게 유관 조직을 함께 엮어서 해결하려는 태도가 너무 과하다고 생각하고 있거든요.
>
> **팀장:** 혹시 김 차장이 일방적으로 밀어붙이려고 하면 저에게 따로 연락하세요.
>
> **민수:** 네, 팀장님. 웬만하면 이번 건에 저희 팀은 관여하지 않는 것으로 잘 정리해 보겠습니다.

이 사례의 후속 회의 장면은 굳이 보지 않더라도 기획관리팀이 회계팀과의 협업을 끌어내기는 쉽지 않아 보인다. 결국 평소에 겸손한 태도를 유지하고 관리하지 않으면, 결정적인 순간에 상대방은 철저한 이해득실 속에서 나의 요청을 검토하게 되는 것이 일반적이다.

그런데 '태도'는 일회성으로 노력하는 것으로 그 효과성을 발휘하기 어렵다. 평소 찬바람이 불 정도로 나를 멀리하던 사람이 갑자기 나에게 따뜻한 커피 한잔을 내밀며 친한 척하면 당신의 마음은 활짝 열리는가? 아마 마음이 열리기는커녕 갑자기 나에게 왜 이러는지, 무슨 꿍꿍이인지 의심과 불안만 커질 것이다.

이처럼 평소에 태도를 일관성 있게 관리하지 않고, 갑자기 바꾸려하면 역효과만 생길 뿐이다. 따라서 나의 태도가 상대방과의 상호 작용, 즉 협업에서 효과를 보기 위해서는 평소에 바람직한 방향으로 자신의 태도를 관리해야 한다. 특히 평소에 겸손한 태도를 유지하는 것이 일터에서 상대방의 협업을 끌어내는 데 있어 얼마나 중요한지 [그림 8]의 2×2 매트릭스를 통해 좀 더 구체적으로 살펴보자.

[그림 8] 평소의 겸손한 태도가 협업에 미치는 영향

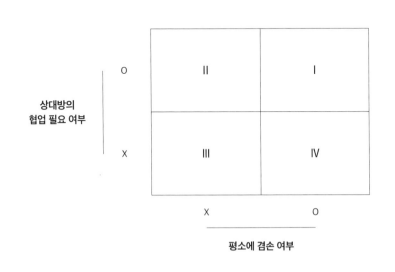

I분면: 평소에 겸손한 태도를 가진 사람이 상대방과 협업을 필요로 하는 상황이다. 겸손하게 자신의 태도를 잘 관리한 만큼 상대방도 기꺼이 돕고자 할 가능성이 크다.

II분면: 평소에 겸손하지 않던 사람이 상대방의 협업을 필요로 하는 상황이다. 협업을 요청받은 사람은 요청하는 사람에 대해 인간적 호감이 없을 가능성이 크다. 결국 철저하게 이해관계와 규정에 의거해 가능

여부를 논의하게 될 확률이 높은데, 협상으로 치면 분배적 협상과 같은 모습이다.

IV분면: 지금 당장 협업을 필요로 하지는 않지만 겸손한 태도를 잘 유지하고 있는 상태이다. 이는 당장 무엇인가를 얻을 게 없어 보일 수 있지만, 미래에 발생하게 될 협업의 가능성을 확보하는 영역이라고 볼 수 있다.

III분면: 만약 자신이 현재 III분면에 해당한다고 판단되는가? 지금 당장은 아쉬운 것이 없겠지만, 자신의 미숙한 태도 관리가 미래에 발생하게 될 협업 상황에서 열위를 만들고 있다는 점을 유념할 필요가 있다.

[그림 9] 평소의 겸손한 태도가 협업에 미치는 영향

상대방의 협업 필요 여부		
O	근거(규정)나 힘 없이는 협조받기 어려운 당신	꼭 도와주고 싶게 만드는 당신
X	미래의 협업에서 열위를 축적 중인 당신	미래의 협업 가능성을 확보 중인 당신
	X	O

평소에 겸손 여부

다시 한번 강조하지만, 겸손은 효과적인 협업을 가능하게 하는 강력한 태도 중 하나이다. 자신에 대한 객관화를 통해 나의 사각지대 Blind Spot를 인정하고 타인의 의견을 경청하며 공동의 목표를 위해 열린 자세로 투명하게 소통하는 것이 '겸손'의 태도를 실천하고 강화하는 핵심이라는 점을 기억하기 바란다.

협업을 끌어내는 긍정성, 책임감, 겸손의 세 가지 태도에 대해 살펴보았다. 이제는 이 태도를 바탕으로 발휘해야 하는 본원적 능력으로 문제해결력과 커뮤니케이션에 대해 살펴보도록 하자.

06

협업을 끌어내는 사람의 능력 ①
문제해결력

헤라클레스는 자신의 아내 메가라와 자식들을 살해한 죄를 용서 받기 위해 열두 가지의 어려운 과제를 수행해야 했다. 그중 두 번째 과제는 머리가 여러 개 달린 괴물 히드라를 처치하는 것이었다. 히드라는 늪지대에 살고 있는 괴물로, 거대한 몸집과 독을 지닌 아홉 개의 머리를 가지고 있었다. 히드라의 가장 무서운 점은 하나의 머리를 잘라내면 두 개의 머리가 다시 자라난다는 점이었다.

헤라클레스가 자신의 칼로 히드라의 머리를 잘라냈지만, 자른 머리에서 두 개의 새로운 머리가 자라나는 것을 보고 절망했다. 이 문제는 혼자서 해결할 수 없는 난관이었다.

자신의 힘만으로 문제를 해결할 수 없다고 판단한 헤라클레스는 조카 이올라오스에게 도움을 요청했다. 헤라클레스가 히드라의 머리를 자르면 이올라오스가 재빨리 잘린 부분을 불로 지져 미리가 더 이상 자라나지 못하게 만들었다. 이올라오스의 도움 덕분에 헤라클레스는 히드라를 처치할 수 있었다.

협업을 끌어내는 사람들이 갖고 있는 남다른 능력에는 여러 가지가 있겠지만, 그중 우선순위를 꼽는다면 바로 문제해결력이다. 협업은 조직의 문제를 보다 효과적으로 해결하기 위해 이루어지는 행위이고, 문제해결력이 높은 사람일수록 협업의 과정과 결과 모두 효과적으로 처리할 가능성이 크다.

그럼 높은 문제해결력을 가진 사람들의 몇 가지 특징을 살펴보자.

협업의 고수는 문제를 기회로 여긴다

문제해결력이 높은 사람은 문제를 골치 아픈 것으로 여기지 않고, 기회로 여긴다. 문제는 기본적으로 일터의 직장인들을 괴롭히는 것이라는 고정관념이 있을 텐데, 어떻게 이런 태도가 가능한 것일까? 긍정적인 태도 때문일까?

긍정성과 같은 태도가 일부 영향을 미칠 수는 있겠지만, 그보다 더 본질적인 이유는 문제해결력이 높은 사람들은 자신이 수행하는 업(業)이 갖는 본질을 이해하고 있다는 점이다.

우리가 살아가는 이 세상에 직업은 어떻게 생겨났을지 생각하며 구체적인 내용을 확인해 보자.

'일'의 본질

사회적 동물인 인간은 함께 모여 작은 사회를 형성하고, 살아가는 과정에서 어떤 어려움을 겪게 되었을 것이다. 누군가는 손목 힘이 약해 땅을 파는 데 어려움을 겪었을 것이고, 누군가는 필요한 도구를 만들 손재주가 부족해 어려움을 겪었을 것이다. 아마도 그때마다 그 사회에서 손목 힘이 좋은 사람이 땅을 파는 것을 도와주었을 것이고, 손재주가 좋은 사람이 도구를 만드는 데 도움을 주었을 것이다.

초기 사회는 집단 내에서 서로가 가진 재능을 서로 주고받으며 운영되었다. 그러나 사회가 점점 더 커지고 복잡해지면서 어느 순간부터는 특정한 재능을 가진 사람이 그 재능을 필요로 하는 과업을 전문적으로 수행해야만 하는 상황이 되었다. 그리고 그 과업을 맡은 사람은 그에 상응하는 대가를 받으면서 인간 사회에 '직업'이 형성되었다.

직업이 형성되는 과정이나 원리를 가만히 들여다보면, 직업의 본질은 내가 가진 전문성으로 누군가의 문제해결을 돕고 기여하는 것이라는 점을 알 수 있다.

이 본질을 고려해 본다면, 자신의 '직업'이나 '일'에 대해 던져 봐야 할 질문은 "나는 어디에서 누구에게 도움을 주는 사람이 되고 싶은가?"이다. 하지만 많은 사람이 이 질문에서 출발하는 것을 망각한다. 어떤 일이 보수가 좋고 영향력이 큰지, 어떤 일이 좀 더 사회적으로 명예로워 보이는지 등에만 둘러싸여 일의 본질을 망각한다는 의미다.

내가 일하고 있는 분야는 기업교육 분야이다. 팀원들에게 우리 일은 회사의 구성원들이 자신들의 능력을 개발하고 발휘할 수 있게 지원하고, 이 활동이 곧 우리 회사의 성과로 이어지게 돕는 것이 본질이라는 이야기를 입버릇처럼 했었다.

연말에 한 팀원과 면담을 하는데 자신은 다른 구성원들이 잘되는 것보다 자신이 잘되는 것이 훨씬 더 중요하다고 했다. 틀린 말은 아니다. 인간이 이타심을 가진 만큼 이기심을 가지는 것은 당연하다. 하지만 사회에서 '일'과 '직업'이 형성된 과정을 생각해 보면, 누군가의 어려움을 해소해 주지 못하고 자신의 이기심만을 발휘해서는 지속되기 어렵다. 따라서 자신이 소속된 사회에서 '일'을 통해 성공적인 삶을 살고 싶다면, 성공의 핵심 수단으로 삼고 있는 '일'의 본질이 무엇인지 알고 접근할 필요가 있다.

"당신은 어디에서 누구에게 어떤 도움을 줄 수 있는 사람으로 살아가고 싶으십니까?"

그 답은 당신이 하고자 하는 '일'이다.

이 글에서 살펴본 것처럼 '문제'가 우리의 '직업'을 존재하게 만든다.

예를 들어, 병이 없다면 병원과 의사가 존재할 수 있을까? '병'이라는 문제가 있기 때문에 그 병을 고칠 수 있는 능력을 가진 병원(기업)과 의사(직업)가 존재하게 되는 것이다. 그리고 그 문제의 강도나 빈도, 난이도가 높을수록 더 높은 대가를 받게 되는 것이 오늘날 직업 세계의 메커니즘이라고 할 수 있다. 그래서 업業의 본질을 이해하고 있는 사람은 문제를 기회로 여긴다.

이러한 특징으로 인해 문제해결력이 높은 사람은 협업을 요청할 때 골치 아픈 문제를 공유하며 상대방에게 도움을 요청하는 행위로 여기지 않는다. 오히려 상대방과 함께 취할 수 있는 기회에 대한 공유로 여긴다. 이러한 태도 덕분에 일을 둘러싼 부정적 현상에 대한 불평보다는 그 문제를 해결할 수 있는 가능성과 해결을 통해 얻을 수 있는 이익 중심으로 소통하면서 해결의 가능성과 협업의 가능성은 더욱 커지게 된다.

당신은 '문제'를 문제로 여기고 있는가, 기회로 여기고 있는가?

문제해결력이 높은 사람들의 사고방식

이번에는 높은 수준의 문제해결력을 보이는 사람들이 사고하는 방식을 살펴보자.

첫째, 조직 전체 효용이나 고객 가치와 같은 거시적 차원에 집중한다

높은 문제해결력의 첫 출발점은 문제 정의 능력이다. 가치 있는 문제를 발견하고 제안한다는 의미이다. 문제해결의 방법론에서 많이 언급하는 McKinsey(맥킨지)식 문제해결 방법론, 디자인싱킹 방법론 등 구체적인 활용 방식은 조금씩 다르지만 기본적으로 문제는 AS-IS, TO-BE 간의 Gap(갭)을 의미한다.

[그림 10] 문제 = AS-IS와 TO-BE 간의 Gap

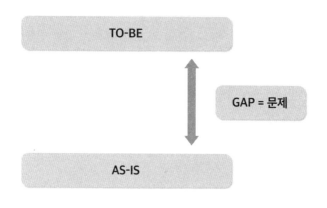

즉 현상을 어떻게 파악하고 인식하고 있는지(AS-IS), 우리가 도달해야 할 목표를 어떻게 설정하고 있는지(TO-BE)에 따라 문제 정의의 수준과 내용은 천차만별로 달라진다.

협업을 부르는 사람들은 문제를 정의할 때 도달해야 할 목표를 특정 부서나 이해관계에 치중하지 않고, 거시적이고 본질적인 것에 눈높이를 둔다. 그래서 그들이 정의하는 문제는 상대적으로 가치가 높은 경우가 많다. 다음 두 가지 사례를 통해 구체적인 모습을 좀 더 깊게 살펴보자.

사례 1

알베르트 슈바이처는 독일 출신의 의사, 신학자, 음악가, 철학자로 여러 방면에서 존경받는 위인이다. 슈바이처는 아프리카에서 의료 활동을 하며 공중 보건 문제를 해결하는 데 많은 노력을 기울였다. 슈바이처는 아프리카 주민들에게 단순한 의학적 치료를 제공하는 것 이상으로 자신이 해결하려는 문제를 정의했다. 아프리카의 많은 지역이 기본적인 의료 서비스조차 제공받지 못하는 현실을 목격했고, 단순한 치료를 넘어서 의료 시스템을 구축하고 공중 보건을 개선하는 것을 목표로 삼았다.

1913년, 슈바이처는 가봉의 랑바레네에 병원을 설립하고, 현지 주민들에게 무료로 의료 서비스를 제공했다. 뿐만 아니라 슈바이처는 의료 교육을 통해 현지 의료 인력을 양성했다. 또한, 발생한 질병을 치료하는 것에서 그치지 않고, 현지인들의 위생 환경 개선, 예방 접종, 영양상태 개선 등을 통해 포괄적인 보건 활동을 전개해 나가기도 했다. 슈바이처는 현지인들에게 서양의 의학 지식을 일방적으로 강요하지 않았고, 그들의 문화와 전통을 존중하며 점진적으로 현지인들이 신뢰할 수 있는 의료 시스템을 지속 가능성 차원에서 구축해 나갔다.

만약 슈바이처가 병을 앓고 있는 아프리카 지역 주민들의 질병을 치료하는 것만으로 문제를 정의했다면 결코 이루어질 수 없는 행위들이었다.

여러분은 슈바이처의 사례에서 어떤 것을 느꼈는가?

거시적이고 본질적으로 가치 있는 문제를 정의하는 능력, 문제해결력이 높은 사람들이 보이는 사고방식의 대표적인 특징이다.

사례 2

Amazon(아마존)에서는 자신들의 미션을 지구상에서 가장 고객 중심적 회사to be Earth's most customer-centric company가 되겠다는 것으로 내세우고 있다. 특이한 것은 Amazon의 미션에는 구체적으로 언급하는 사업 분야가 없다는 것이다.

북스토어 분야에서 가장 고객 중심적 회사가 되겠다는 것인지, E-Commerce 분야에서 가장 고객 중심적 회사가 되겠다는 것인지, Cloud 서비스 분야에서 가장 고객 중심적 회사가 되겠다는 것인지 특정하는 분야가 없다.

이에 대해 다양한 해석이 있지만, 분야가 무엇이든 고객들의 불편Pain Point이 존재하고, 그 불편을 해소하기 위해 자신Amazon이 사업에 뛰어든다면 그 분야에서 가장 고객 중심적인 회사가 되어 고객의 불편을 해소하겠다는 고객 중심 경영의 모습을 드러낸다고 보는 것이 가장 타당하다. 실제 Amazon은 AI 스피커 알렉사, Amazon Locker, Amazon GO 등 다양한 분야에서 세상을 놀라게 했고, 최고의 기업 중 한 곳으로 평가받고 있다.

'고객 가치'라는 거시적이고 본질적인 차원에서 세상의 모든 문제를 바라보고 접근하도록 한 Amazon의 미션이 오늘날의 Amazon을 만들어 낸 것은 아닐까?

둘째, 문제해결 과정에서 다양한 관점과 자원을 활용할 줄 안다

1980년대 뉴욕시는 심각한 쓰레기 문제에 직면해 있었다. 쓰레기 처리 비용이 급증하고 있었고, 기존의 매립지가 포화 상태에 이르러 새로운 해결책이 필요했다. 이 문제를 해결하기 위해 당시 뉴욕시의 위생국과 환경보호국은 기존의 쓰레기 처리 방식과는 완전히 다른 방식으로 접근하기로 결심했다. 당시에는 개념조차 희미했던 재활용을 도입한 것이었다. 하지만 이 야심 찬 활동이 성공하기 위해서는 시민들의 참여와 협력이 필수적이었다.

뉴욕시는 다양한 캠페인을 통해 시민들에게 재활용의 중요성을 알리고 참여를 유도했다. 뉴욕시 전역에 재활용 용기를 배치하고, 학교와 커뮤니티 센터에서 재활용 교육 프로그램을 실시했다. 또한, 재활용의 중요성을 시민들에게 시각적으로 보여주기 위해 거대한 재활용 조형물을 설치하여 관심을 끌기도 했다. 다방면에 걸친 폭넓은 활동 덕분에 뉴욕시는 재활용 프로그램을 성공적으로 정착시킬 수 있었고, 쓰레기 처리 비용도 대폭 절감할 수 있었다.

뉴욕시의 쓰레기 처리 문제 사례에서 본 것처럼 문제해결력이 높은 사람은 문제해결 과정에서 다양한 관점과 자원을 활용하는 능력이 남다르다. 해결해야 할 문제를 사회 전체 효용이나 고객 가치와 같은 거시적 차원에서 정의하기 때문에 필요한 자원이나 활동에 폭넓게 접근하는 모습이 특징적으로 나타난다(앞서 확인한 내용과 상호 연관성을 강하게 갖는다는 의미이다). 다만, 현실적으로 나 스스로 좋은 의도를 갖고 협업을 요청한다고 해서 상대방으로부터 반드시 추가적인 지원을 받을 수 있는 것은 아니다. 각자 자신이 맡은 일을 처리하기에도 버거운 경우가 많기 때문이다. 다양한 관점과 자원을 활용하고자 하는 접근이 실질적인 효과를 보기 위해서는 다양한 이해관계자의 지원을 끌어낼 수 있는 전술적 활동이 수반되어야 한다.

실질적 지원을 끌어낼 수 있는 방법을 함께 살펴보자.

Tip 1. 상대방 입장에서 요청 상황을 설명한다

협업의 고수는 협업을 요청할 때 철저하게 상대방 입장에서 문제 상황을 설명한다. 상대방이 요청받는 문제를 자신의 문제로 인식할 때 기꺼이 지원하려는 태도가 높아지기 때문이다. 실무 현장의 사례를 통해 구체적인 모습을 확인해 보자.

민수 팀장(영업팀): 진우 과장님, 시간 내주셔서 감사합니다. 최근 몇 주 동안 저희 팀에서 진행한 현장 판촉 활동이 예상보다 반응이 안 좋아서 걱정입니다.

진우 과장(마케팅팀): 네, 저도 그 부분 안타깝게 생각하고 있습니다. 캠페인에 많은 자원을 투입했는데 성과가 그다지 좋지 않아서 걱정이 크실 것 같아요. 영업팀에서는 어떤 부분에서 문제가 있다고 보시나요?

민수 팀장: 저희가 현장에서 고객들과 대면하면서 느낀 바로는 이번 캠페인의 메시지가 고객들에게 잘 전달되지 않은 것 같아요. 많은 고객이 이번 캠페인이 무엇을 전달하고자 하는지에 대해 공감하지 못하는 것 같습니다. 이 때문에 현장 판촉 활동의 효과도 떨어지고 있다고 판단하고 있어요.

진우 과장: 아, 그렇군요. 저는 캠페인 메시지가 명확한 편이라고 생각했는데, 현장에서 느끼는 반응은 다른가 보네요.

민수 팀장: 맞아요. 그런데 더 큰 걱정은 이 상황이 단지 현장 판촉만의 문제가 아니라, 우리 회사의 브랜딩 전략에도 영향을 미치는 거이라고 생각해요. 고객들이 우리 캠페인 메시지를 이해하지 못하면, 우리가 MZ세대를 타깃으로 추진했던 브랜딩에도 부정적인 영향을 줄 수 있어요. 그래서 이번 문제를 함께 논의하면 좋겠다고 생각했어요. 이 논의를 통해서 우리 팀도 더 효과적인 판촉 활동을 할 수 있는 방법을 찾고, 마케팅팀도 지금 추진 중인 Re-Branding을 더 성공적으로 해낼 수 있을 것 같다고 생각이 돼요.

진우 과장: 네, 팀장님. MZ세대 타깃으로 진행하고 있는 Re-Branding

은 저희 부서의 가장 중요한 과제인데 말씀을 듣고 보니 걱정이네요. 이번 캠페인의 어떤 부분에서 문제가 있는지 구체적으로 논의해 보면 어떨까요?

Tip 2. 요구 사항과 범위를 명확하게 소통한다

상대방이 공감할 수 있는 공동의 문제로 인식을 형성한 후에는 협업하려는 내용을 명확하게 소통해야 한다. 상대방에게 기대하는 내용, 일정, 수준 등을 명확하게 정의해서 상대방이 협업 가능 여부를 효과적으로 검토할 수 있게 해야 한다. 앞에서 봤던 사례를 이어서 살펴보자.

사례

민수 팀장: 우선, 이번 캠페인의 메시지가 고객들에게 어떻게 전달되고 있는지 다시 한번 점검해 볼 필요가 있을 것 같아요. 고객들이 우리의 제품과 서비스가 어떤 문제를 해결해 주는지 명확하게 이해하지 못하는 것 같아요. 또한, 캠페인에서 사용된 홍보물이나 미디어 채널이 타깃 고객층에 잘 맞는지도 확인해 봐야 할 것 같아요.

진우 과장: 그 부분은 정말 중요한 것 같아요. 캠페인 메시지가 명확하게 전달되지 않으면 아무리 좋은 전략도 효과를 발휘할 수 없죠. 타깃

고객층에 맞는 채널 선택도 다시 검토해 볼 필요가 있겠네요.

민수 팀장: 네, 동의해요. 저희 영업팀이 현장에서 수집한 고객 피드백을 이번 주 중으로 마케팅팀과 공유할게요. 그럼 마케팅팀에서 다음 주까지 캠페인 전략을 분석해서 제안해 주세요. 그것을 현장에서 바로 실행해 볼게요. 새롭게 수립하는 전략에는 홍보 메시지와 홍보물이 꼭 수정, 보완되면 좋겠어요. 이렇게 함께 힘을 합쳐서 진행하면 검증 기간도 짧아지고, 더 통합적인 관점에서 문제를 검토할 수 있을 것 같아요.

진우 과장: 좋은 생각인 것 같아요. 그럼 고객 피드백을 기반으로 세부 활동을 수정하고, 타깃 고객층에 맞는 새로운 전략을 세워 보겠습니다.

민수 팀장: 네. 그럼 저도 미리 현장을 정비하고, 고객 피드백 수집 채널을 좀 더 확대할 수 있는 방법을 마련해 볼게요.

진우 과장: 네, 팀장님. 함께 힘을 합쳐 이번 문제를 해결하면 좋겠네요.

민수 팀장: 감사합니다, 진우 과장님. 이번 기회에 팀 간의 협업을 통해 더 큰 성과를 만들어 낼 수 있을 것이라고 믿어요.

진우 과장: 저도 기대됩니다. 앞으로도 계속해서 협력하면서 더 나은 결과를 만들어 가면 좋겠습니다.

이 사례에서 봤듯이 요구하는 사항의 목적과 내용, 일정 등을 꼼꼼하고 명확하게 소통할수록 요청을 받는 상대방도 어떤 일에 대해서 어디까지 협업해야 하는지 명확하게 이해되기 때문에 지원의 가능성은 커지게 된다.

지금까지 '협업을 부르는 사람의 능력, 문제해결력'에 대한 내용을 살펴보았다. 요약해 보면, 높은 문제해결력을 가진 사람은 문제를 기회로 여기고, 본질적이고 거시적인 차원에서 문제를 정의한 후 다양한 자원과 관점을 효과적으로 활용하여 조직 전체의 효용과 가치를 극대화한다는 점을 확인할 수 있었다. 각자 자신이 가진 문제해결력을 단순한 기법의 측면이 아닌, 이와 같은 본질적 측면에서 검토해 보고 보완해 나가면 어떨까?

　다음으로 협업을 끌어내는 본원적 역량의 마지막 내용인 '커뮤니케이션'에 대해 살펴보자.

07

협업을 끌어내는 사람의 능력 ②
커뮤니케이션

고대 그리스의 한 철학자가 제자들과 함께 축제에 참석하게 되었다. 축제에서는 다양한 신화와 신들의 이야기가 펼쳐졌다. 그중 하나는 신비로운 수수께끼를 푸는 전통이었다. 그 해의 수수께끼는 "세상에서 가장 중요한 것은 무엇인가? 그것이 없으면 아무것도 이루어질 수 없다"였다. 많은 참가자가 다양한 답변을 제시했지만, 철학자는 오랫동안 침묵하며 고민했다. 곧 철학자는 자신이 발견한 답을 제자들과 나누었다.

"세상에서 가장 중요한 것은 소통이다. 모든 것이 소통을 통해 이루어지며, 사람들은 서로 소통함으로써 이해를 깊게 하고, 협력할 수 있다."

소통은 일터에서 무엇인가를 이루어질 수 있게 하는 실질적 행위이다. 그리고 이 원리는 협업 장면에서 더욱 강하게 작동한다. 협업은 조직의 문제를 좀 더 효과적으로 해결하기 위해 이루어지는 행위이고, 그 과정은 소통을 통해 완성되기 때문이다.

협업을 끌어내는 사람들의 차별적인 커뮤니케이션 방식과 특징을 하나씩 살펴보자.

협업의 고수는 목적 지향적으로 소통한다

협업의 고수는 소통의 목적이 명확하다. 서로 간의 눈높이를 맞추기 위한 것인지, 문제에 대한 이견을 조정하기 위한 것인지 등 자신의 목적을 명확히 한 후 상대방과 소통한다. 목적에 부합하는 소통을 하기 때문에 소통 내용에는 명확한 의도가 있고 낭비가 없다.

협업을 진행할 때 대표적으로 겪는 두 가지 상황(상대방과 눈높이를 맞추어야 하는 상황, 상대방과 이견을 조정해야 하는 상황)에서 협업 고수들이 활용하는 대화 방식을 참고해 보자.

눈높이를 맞추기 위한 소통

눈높이를 맞추기 위해 이루어지는 소통의 목표는 협업 요청 상황에 대해 상대방이 나와 공통의 이해를 형성하게 만드는 것이다.

상대방과 눈높이를 맞추기 위해 소통을 할 때 다음 3단계 대화 모델을 참고하여 활용해 보는 것을 추천한다.

1단계: 상황 설명

상황에 대해 객관적 사실에 기반하여 소통한다.

주관적 해석과 판단을 배제하고 Factual Information(사실 정보)을 기반으로 현상을 있는 그대로 소통함으로써 상대방이 나와 비슷한 수준의 정보를 가질 수 있게 하는 데 첫 번째 목표가 있다.

또 다른 한편으로는 협업을 요청받는 입장에서는 요청하는 사람의 편향된 의도를 본능적으로 고려할 수밖에 없다. 그렇기 때문에 상황을 설명할 때는 나의 해석이나 판단을 최대한 배제하는 것이 상대방으로 하여금 협업 요청 안건에 대해 협업을 받아 내려는 편향된 의도가 없다는 것을 느낄 수 있게 하는 데 효과적이다.

편향된 의도에 대한 본능적 의심이 줄어들수록 협업을 요청받는 상대방은 제공되는 정보를 수용하며 협업 요청 상황에 대해 눈높이를 맞춰 나가게 된다. 참고로 이 단계에서 상대방의 원활한 이해를 돕기 위해 표나 그래프 등 시각 자료를 활용하는 것도 효과적인 방법 중 하나이다.

2단계: 질문 끌어내기

1단계에서 내가 가진 정보를 상대방에게 객관적 Data(데이터) 위주로 전달했다면, 그 정보에 대해 상대방이 어느 정도 이해했는지 확인하는 과정이 다음 단계에서 이루어져야 한다. 특히, 모호하거나 재확인이 필요하다고 여겨지는 점을 중심으로 질문이 오갈 수 있게 분위기를 형성하는 것이 중요하다. 이를 통해 상대방이 정보에 대해 이해한 정도와 그 정보를 판단하는 태도를 어렴풋이 짐작할 수 있다.

3단계: 피드백 확인

상황에 대한 설명과 질문 기반의 소통이 이루어지고 난 후, 이 상황에 대해 상대방이 종합적으로 어떻게 이해하고 있는지 피드백을 받는 단계이다. 우선 상대방이 주는 피드백 내용을 통해 나와 상대방의 눈높이가 비슷한 수준으로 좁혀졌는지 여부를 점검해야 한다.

그 후에는 피드백 사항 중 이해 차원에서 조정이나 보완이 필요한 사항은 적극적으로 해석과 판단을 함께 곁들여 소통하며 서로 간의 눈높이를 좁혀 나가는 접근을 시도할 수 있다.

이견을 조정하기 위한 소통

이견을 조정하기 위해 이루어지는 소통의 목표는 상대방과 합의를 도출하는 것이다. 상대방과 의견이 일치하지 않은 상태에서 어떤 방식의 대화 절차를 통해 합의 과정을 만들어 갈 수 있을지 살펴보자.

1단계: 경청

이견을 조정하는 과정의 초반은 이성보다 감정이 앞서기 마련이다. 따라서 소통 초반부에 자신의 주장을 내세우기보다 상대방이 자신의 의견을 충분히 이야기할 수 있도록 노력을 기울여야 한다. 상대방의 이야기를 충분히 듣고 상대방이 이 상황에 대해 어떻게 판단하고 있는지 이해하며 간극의 정도를 먼저 가늠하는 것이다.

2단계: 재구성

상대방의 이야기를 경청한 후, 자신이 이해한 바와 의견이 일치하지 않는 구체적 내용을 재구성하여 상대방에게 전달하는 단계이다. 재구성하여 전달하는 메시지는 내 의견보다는 상대방 의견이 좀 더 드러날 수 있게 구성하는 것을 추천한다. 여전히 이견으로 인한 감정이 상대방의 마음에 큰 영향을 미치고 있을 것이기 때문이다.

3단계: 공통점 찾기

재구성하여 메시지를 전달한 후에는 상대방과의 차이점보다는 공통점을 먼저 발견하려는 노력이 중요하다. 공통점 중심으로 소통하면 쉽게 합의할 수 있는 내용을 선별할 수 있게 되고, 나머지 에너지를 합의하기 어려운 영역에 집중할 수 있기 때문이다. 그래서 상대방과 이견을 조정할 때는 공통점을 발견하여 의견이 일치하는 부분을 먼저 명확히 한 후, 차이 나는 사항에 대해 소통을 진행하는 것이 효과적이다.

4단계: 감정 조절

공통점을 발견한 후에는 본격적으로 이견이 있는 사항에 대해 논의하게 되는데 감정이 격해지지 않도록 소통 정서를 관리하는 것이 중요하다. 소통 정서를 관리한다는 것은 매우 개념적으로 느껴질 수 있는데, 구체적인 방법 하나를 소개한다면 겉으로 드러난 문제나 입장에만 치중하지 말고, 그 속에 숨어 있는 이해관계와 니즈가 무엇인지 파악해 보는 시도를 하는 것이다. 갈등 관리에서는 이를 PPIN^{Problem-Position-Interest-Needs} 분석이라고 부르는데 이 책의 후반부에서 구체적인 내용을 확인할 수 있다.

5단계: 중재

당사자 간에 이견이 조정되지 않을 경우 적합한 중재자를 통해 중재의 과정을 거치는 단계이다. 중재자에게 합의된 부분과 이견이 좁혀지지 않는 부분을 투명하게 전달하여 중재받는 과정을 거친다.

목적 지향적 소통의 장점과 소통 목적별로 특성에 부합하는 대화 방식에 대해 살펴보았다. 의도와 특성에 부합하는 방법을 이해한 후 진행하는 소통과 막무가내로 부딪혀 보는 소통의 질에는 큰 차이가 날 수밖에 없다는 점을 공감할 것이다.

평소 자신은 목적 지향적 소통과 소통 목적에 부합하는 대화 모델을 활용했는지를 떠올려 보며, 두 번째 특징에 대해 살펴보자.

협업의 고수는 입장을 넘어
이해관계까지 고려하며 소통한다

협업을 끌어내는 커뮤니케이션 능력의 두 번째 특징은 상대방의 이해관계를 고려하며 소통한다는 점이다. 협업을 요청하거나 진행하는 과정에서 의견이 좁혀지지 않는 경우가 다반사다. 결국 좁혀지지 않는 간극을 좁히기 위해서는 관련된 문제 상황과 입장에만 치중해서는 해결이 어렵다. 앞에서도 언급했지만, 협업의 고수는 문제와 입장을 넘어 상대방의 이해관계까지 고려한다.

같은 부서에서 명확하게 구분된 R&R을 가지고 있는 동료 간에 협업을 요청하는 사례를 통해 구체적으로 이해해 보자.

사례

민지: 현준아, 이번 GOD 신제품 기획 프로젝트는 기획 단계부터 마케팅 전략을 더 잘 반영하고 싶어. 그래서 네가 좀 더 일찍부터 같이 논의에 참여해 줬으면 해.

현준: 선배, 저도 그 부분이 중요하다고 생각하는데, 제 역할은 제품 출시 후 마케팅과 판매 전략에 집중하는 거잖아요. 초기 기획 단계에 참여하는 건 제 업무 범위를 넘어서는 것 같아요.

민지: 네 말도 맞아. 그런데 이번 신제품은 시장에서의 초기 반응이 미

치는 영향이 너무 커서 초기 기획 단계에서부터 마케팅 전략을 함께 고민하는 게 필요하다고 생각해. 네가 마케팅 판매 전략을 담당해 온 만큼 인사이트도 많을 것이라는 기대도 있고.

현준: 선배도 잘 알겠지만, 저는 신제품 생산이 결정되고 나면 기존 제품들과의 포지셔닝을 고려해서 신제품의 브랜딩과 판매 성과를 극대화하는 것이 가장 중요한 목표예요. 그래서 지금 출시되어 있는 상품들에 대한 브랜드 관리만으로도 정신이 없는 상황이에요. 이런 상황에 기획 단계에 참여하면 제 본래 업무에 소홀해질까 걱정이에요. 그리고 팀장님께서 요즘 기존 제품들 간의 세대별 브랜드 콘셉트 강화를 엄청 강조하고 있기도 하고요.

민지: 이해해, 현준아. 기존 제품들의 브랜드 관리와 판매 성과 관리에 이상 지표가 발생했을 때 너의 역할을 제대로 수행하지 못했다는 이미지가 걱정된다는 말이지?

현준: 네, 저도 신제품 기획 초기 단계에 함께 참여하면 기획부터 출시까지의 전체 단계를 경험해서 좋긴 하죠. 그런데 선배가 이야기한 대로 요즘 팀장님 분위기 봐서는 제가 담당하는 영역에서 작은 문제라도 생기면 안 되는 것, 잘 아시잖아요.

민지: 네 입장을 충분히 이해해. 걱정하고 있는 부분은 팀장님께 전체 제품 포트폴리오 구축 차원에서 너의 참여를 요청하는 것으로 이야기를 드려볼게. 그리고 팀장님께 기존 제품 브랜드 관리와 판매 성과 부분에서 업무 부하가 생기면 나도 함께 도와가며 챙기겠다고 말씀드려서 너 혼자 어려운 일을 겪게 하지 않게 노력해 볼게.

현준: 그것만으로 팀장님이 흔쾌히 OK 하실까요? 참여는 하되 지금 하고 있는 일에서 문제를 만들지 말라고 하실 것 같은데….

> **민지:** 맞아, 당연히 그러시겠지. 그런데 그 부분은 지나치게 걱정하지 않아도 될 것 같아. 팀장님께 통합 마케팅 전략을 수립할 때 제품 기획 의도를 더 효과적으로 반영할 수 있다는 장점을 강조해 드리면 충분히 이해해 주실 것 같아. 우리 같이 한번 해 보자, 현준아.
>
> **현준:** 알겠어요, 선배. 그럼 저도 용기 내서 기획 단계에서 제가 할 수 있는 부분을 중심으로 열심히 참여해 볼게요!

이 사례에서 협업을 요청받고 있는 현준에게 민지 선배가 자신의 입장만을 내세웠다면 협업을 끌어내기 매우 어려웠을 것이다. 민지의 제안이 일차적으로 성사되게 된 데는 현준을 망설이게 만드는 이해관계인 '팀장님에 대한 걱정'을 잘 포착하고 해소하는 소통을 했기 때문이다.

협업을 망설이게 되는 상황 뒤에는 겉으로 언급하는 표면적 문제와 입장 뒤에 숨어 있는 이해관계가 있다. 따라서 표면적으로 드러내는 입장에 영향을 미치는 숨은 이해관계가 무엇인지를 파악하고, 그를 해소할 수 있는 소통을 하는 것이 협업 고수들의 대표적 소통 방식임을 잘 기억해 두자.

협업의 고수는 심리적 안전감을 형성하며 소통한다

협업의 고수는 상대방이 심리적 안전감을 느낄 수 있게 소통한다. 심리적 안전감을 형성하는 요인에는 실수에 대한 반응, 의사소통의 개방성, 상호 존중과 위험 감수 가능성, 도움 요청의 용이성, 비난의 회피 등 여러 가지 요인이 있다. 다양한 요인 중 앞서 살펴본 내용들과 중복된 것은 생략하고 앞서 다루지 않았던 내용 중심으로 몇 가지 방법을 살펴보자.

첫째, 상대방의 상황이나 의견을 섣불리 판단하지 않는다

협업을 끌어내기 위해 상대방에 대해 판단을 내리고 설득 위주로 소통하는 경우가 있다. 그러나 설득하려고 하면 할수록 심리적 안전감은 떨어지게 된다. 따라서 협업을 끌어내는 과정에서는 상대방의 상황이나 의견에 대해 판단을 최대한 보류하는 것이 심리적 안전감 차원에서 효과적이다. 자신이 하는 이야기에 대해 상대방이 쉽게 판단을 내리거나, 일방적으로 설득하려는 태도를 최소화함으로써 상대방은 자신의 상황을 좀 더 깊게 이야기할 수 있는 심리적 안전감을 갖는 것이다.

상대방이 심리적 안전감 속에서 자신의 의견이나 입장을 충분히 이야기한 후 공통점에서 차이점 중심으로, 입장 뒤에 숨어 있는 이해관계 중심으로 하나씩 점진적으로 접근해야 한다는 점을 유념하자.

둘째, 상대방과 공식·비공식적으로 공유하는 정보의 양이 많다

심리적 안전감의 개념을 최초로 제안한 하버드 경영대학원의 에이미 에드먼슨^{Amy Edmondson} 교수의 연구에 따르면, 심리적 안전감은 구성원들이 서로의 아이디어를 공유하여 개방적이고 솔직한 커뮤니케이션을 촉진한다. 이 연구 결과를 좀 더 깊이 생각해 보면, 심리적 안전감이 상호 간의 활발한 소통을 촉진하기도 하지만, 활발한 소통을 통해 심리적 안전감이 형성될 수 있다고 유추해 볼 수 있다.

구성원들 간에 활발하게 소통이 이루어진다는 것은 공유되는 정보의 양이 많아진다는 것을 의미한다. 각자 메모지에 자신의 부모님, 배우자, 친척, 친한 친구, 직장 동료, 몇 번 만난 사람의 이름을 적은 후 각각에 대해 갖는 자신의 심리적 안전감의 순위를 매겨 보자. 아마 대부분 '가족-친구-동료' 순으로 순위가 매겨질 것이다. 이 순위가 갖는 대표적인 특징 중 하나는 나도 상대방도 서로에 대해 갖고 있는 정보의 양이 심리적 안전감을 느끼는 순위와 비례한다는 점이다.

이제 이 개념을 일터에 적용해 보면, 공식적인 업무 내용뿐만 아니라 평소의 비공식적 소통(취미 이야기, 일상 에피소드, 티타임 등)이 동료와의 심리적 안전감 형성에 의미 있게 작용할 수 있다는 점을 알 수 있다.

심리적 안전감은 단번에 형성될 수 없다. 서로에 대해 깊게 이해하고, 많이 경험하는 과정을 통해 점진적으로 형성되는 것이 심리적 안전감이고, 이것은 공식적 소통보다 비공식적 소통에 더 많은 영향을 받는다. 공식적으로 제아무리 대의와 명분을 내세운다고 하더라도 인간적 신뢰를 갖고 있는 사람끼리 협업하려는 것을 넘어서기 쉽지 않다.

평소 동료들과 비공식적 소통을 통해 유대감을 쌓는 과정을 경시했거나 배척한 적이 있다면 이번 기회에 인간적 유대감, 비공식적 소통의 중요성에 대해 자신이 타인에게 주는 심리적 안전감이라는 측면에서 고민해 보면 어떨까?

신뢰를 형성하는 3단계

1단계: Calculus based trust

신뢰를 형성하는 초기에는 철저하게 자신에게 이익이 되는지 여부를 판단하며 그 사람과 신뢰를 쌓아 갈지 여부를 판단한다. 예를 들면, "저 상사를 믿고 따르면 내가 조직에서 성장하거나 성공하는 데 도움이 될까?"와 같은 의문을 갖고 계산적 이익에 기반하여 신뢰를 가질지 여부를 가늠하는 것이다.

2단계: Knowledge-based trust

상대방의 행동 패턴이나 생각에 대해 이미 잘 알고 있는 상태로 상대방의 행동에 대한 예측에서 신뢰를 형성한다. 예를 들어, "저 상사는 이 일에 대해 분명히 조직 전체의 이익을 추구하는 방향으로 의사결정할 거야"와 같이 자신의 이익 계산을 넘어 상대방에 대한 이해로 신뢰를 가지는 단계이다.

3단계: Identification-based trust

공동의 이익을 추구하며 자신의 이익을 추구하지 않는 단계이다. 상대방과 비전과 미션을 공유하고 있으며 대의를 실현하는 데 가치를 두고 있다. 상대방과 자신을 동일시하는 수준이다. 이는 매우 깊은 신뢰 관계로, 상대방이 자신만큼 중요하기 때문에 '우리'라는 개념 속에서 상대방과 자신을 동일시한다.

신뢰를 형성하는 3단계의 내용을 통해 상대가 나에게 이익이 될지, 얼마나 상대방을 이해하고 있는지, 상대방에 대한 인간적 호감(동일시)의 정도가 얼마만큼인지에 따라 그 수준이 달라짐을 알 수 있다.

참고

심리적 안전감 측정

다음은 심리적 안전감Psychological Safety 개념을 제시한 에드먼슨Edmonson 교수의 '심리적 안전감 측정 문항'이다. 5점(매우 그렇다) 척도로 응답하여 팀의 심리적 안전감 수준을 측정하고 평가해 볼 수 있다. (1번 문항은 역문항으로 진단 결과 해석 시 1점은 5점, 2점은 4점, 3점은 3점, 4점은 2점, 5점은 1점과 같은 식으로 변환해서 활용해야 하는 점을 참고 바란다.)

[표 5] 심리적 안전감 측정 문항

1	팀에서 실수를 하면 종종 나에게 불이익으로 작용한다.	
2	팀의 구성원들은 문제나 이슈를 제기할 수 있다.	
3	구성원들은 다르다는 이유로 타인을 배척하지 않는다.	
4	이 팀은 위험을 감수하는 것에 대해 안전하다고 인식한다.	
5	팀 내 다른 구성원에게 도움을 요청하는 것은 어렵지 않다.	
6	팀에서 의도적으로 개인의 노력을 깎아내리지 않는다.	
7	팀과 함께 일할 때 자신의 고유한 기술과 재능이 평가되고 활용된다.	

협업을 부르는 나

2장에서는 상대방으로 하여금 협업하고 싶게 만드는 개인의 본원적 태도와 능력에 대해 살펴보았다. 긍정성과 겸손, 일에 대한 책임감을 바탕으로 공동의 거시적 가치 창출을 위해 문제를 기회로 여기며 효과적으로 커뮤니케이션할 수 있는 능력 등을 살펴보았다. 그럼 다음 체크리스트를 활용하여 각자 자신의 본원적 협업 역량을 가늠해 보기 바란다.

참고로 체크리스트를 활용할 때 절대적인 개수에 의미를 두기보다는 자신의 본원적 협업 역량을 강화하기 위해 현재 잘하고 있는 점과 보완해야 할 점이 무엇인지 확인하는 데 초점을 두기를 권한다. 완벽한 인간은 없다. 다만, 끊임없이 노력하고 성찰하며 발전하는 인간만이 있을 뿐이다.

[표 6] 본원적 협업 역량 체크리스트

대항목	Indicator	여부
긍정	나는 협업을 통해 나와 조직의 가치 모두를 높일 수 있다고 믿는다.	
	나는 협업을 요청받을 때 협업의 긍정적 가능성을 먼저 찾아본다.	
	나는 협업을 요청받을 때 상대방에게 긍정적 태도를 취한다.	
책임	나는 내가 맡은 업무의 역할 범위와 수준을 명확히 인식하고 있다.	
	나는 상대방에게 협업을 요청받을 때 내 역할 범위와 수준을 확장적으로 생각한다.	
겸손	나는 상대방에게 피드백을 받는 것을 긍정적으로 여긴다.	
	나는 나와 다른 입장의 의견을 듣고 존중한다.	
	내 의견을 상대방에게 열린 자세로 투명하게 소통한다.	
문제해결	나는 문제를 기회로 여긴다.	
	나는 문제 상황을 조직 전체 효용이나 고객가치와 같은 거시적 차원에서 정의하려고 노력한다.	
	나는 문제해결 과정에서 조직의 다양한 관점과 자원을 활용한다.	
	나는 상대방 입장에서 문제 상황 및 요구 사항을 설명한다.	
	나는 요구 사항과 범위를 명확하게 이야기한다.	
커뮤니케이션	나는 상대방과 소통 시 목적 지향적으로 소통한다.	
	나는 소통의 목적에 맞는 소통 방식을 이해하고 적용한다.	
	나는 상대방의 표면적 입장을 넘어 숨어 있는 이해관계를 파악하고 고려한다.	
	나는 심리적 안전감을 형성하기 위해 상대방의 상황이나 의견을 섣불리 판단하지 않는다.	
	나는 평소 동료들과 폭넓은 주제(업무 주제 + 일상 생활 주제 등)를 활발하게 소통한다.	
	나는 상대방에게 정보를 최대한 많이 공유한다.	

3장

협업을 촉진하는
공동체의 비밀

3장에서는 조직이나 팀과 같은 공동체가 협업을 촉진하는 고유한 특징을 탐구합니다. 이 장에서는 구성원의 본원적 역량이 좀 더 효과적으로 발휘되도록 하는 조직 차원의 요소를 살펴보고, 협업을 촉진하는 조직으로 거듭나기 위해 어떤 노력을 기울여야 할지에 대해 확인할 수 있습니다.

INTRO

두 명의 선장과 태풍

첫 번째 선장은 평소 엄격하고 권위적인 방식으로 선원들을 다루며, 명령을 정확하게 따를 것을 요구했다. 선원들은 선장의 명령에 따라 자신이 맡은 역할 속에서 일사불란하게 움직였고, 마치 시계의 톱니바퀴처럼 각 부문이 유기적으로 작동했다. 이 배는 규율이 있고 실수가 거의 없는 것으로 알려지며 사람들에게 높은 평가를 받았다.

그러다 어느 날 먼바다에서 큰 태풍을 만났다. 선장은 선원들에게 명령을 내렸지만, 태풍이 휩쓸고 있는 배에서는 선장의 명령이 잘 전달되지 않았다. 평소에는 철저한 명령과 통제 속에서 선원들의 역할 분담과 협력이 유기적으로 잘 이루어졌지만, 명령과 통제를 상실한 배는 오직 선장의 명령만을 기다리는 선원들로 가득할 뿐이었다. 결국 배는 좌초되었고, 많은 승객과 선원이 목숨을 잃게 되었다.

선원들 사이에 덕징이라 불리는 또 다른 신장이 있었다. 민바다에서 큰 태풍을 만났다. 거대한 태풍으로 선장의 명령은 선원들에게 전달되지 않았지만, 평소 선원들끼리 강한 유대감을 갖고 활발하게 대화해 온 높은 자율성 덕분에 선장의 명령이나 통제 없이도 태풍을 잘 이겨 내고 있었다. 그들은 무사히 태풍을 이겨 냈고, 승객과 선원 모두 안전하게 귀항했다.

위기를 이겨 낸 두 번째 배에서는 자율 중심의 문화가 더욱 강조되었다. 누군가 실수하더라도 나무라기보다 서로 감싸주고 이해하며 지냈다. 시간이 지나면서 점점 이 배는 지켜져야 할 일이 제대로 지켜지지 않았고, 잦은 실수와 사고가 빈번하게 발생했다. 태풍을 이겨 내고 생존한 영광은 사라진 지 오래고, 승객들 사이에 대충 일하는 배로 알려졌다. 승객들은 이 배를 더 이상 이용하지 않았고, 결국 이 배는 폐업하게 되었다.

보통 협업이 잘 이루어지는 조직문화를 이야기할 때 빠지지 않고 등장하는 것이 '규율(통제)'과 '자율'의 균형이다. 두 선장의 이야기에서 살펴본 것처럼 통제만을 지나치게 강조하면 구성원들은 명령받지 않은 일에 대해서는 움직이려 하지 않는다. 그리고 자율만을 지나치게 강조하면 해야 할 일을 제대로 처리하지 못하고 대충 넘어가는 식의 문제가 드러나게 된다.

그래서 건전한 조직은 규율과 자율 중 한쪽에 치우치지 않고 둘 사이의 적절한 균형을 추구한다. 규율과 자율의 균형은 협업을 촉진하는 조직문화를 만드는 데 있어 중요한 요소가 된다. 즉 협업을 촉진하는 조직문화를 조성하기 위해서는 통제적인 요소와 개방적인 환경이 동시에 필요하다는 것을 알 수 있다.

이번 장을 통해 협업을 촉진하는 조직의 문화와 환경 측면에서의 특징을 구체적으로 살펴보고, 각자 자신의 조직에 반영할 점들을 고민해 보자.

08

분열하는 조직의
5가지 특징

　우리가 평소 '원팀'이라는 단어를 많이 강조하는데, 원팀이라고 불리는 조직과 그렇지 못한 조직 사이에는 어떤 차이가 있는지 생각해 보자.

　먼저 원팀의 특징을 떠올려 보자. 함께 달성해야 할 목표(방향성)를 공유하고, 동료 간에 서로 신뢰하며, 갈등을 건설적으로 해결하고자 노력한다. 그리고 문제가 발생했을 때 그 책임을 떠넘기지 않고, 만들어 낸 결과를 공유한다.

　원팀에서 관찰되는 이런 특징을 분열하는 팀에서는 찾아보기 힘들다. 예를 들면, 2024년은 한국 축구에 좋지 않은 소식이 참으로 많이 들렸던 해로 기록될 것 같다. 역대 최고의 선수로 구성되었다는 평가를 받았지만, 아시안컵에서 대표팀 선·후배 간의 몸싸움, 감독

선임 과정의 잡음, 협회에 대한 불신 여론 등 너무나 많은 부분에서 문제가 드러났다. 많은 언론과 축구 팬은 한국 축구가 시스템적으로 작동하지 못하고 선수들 간에 신뢰가 무너졌으며, 문제 상황을 투명하게 공유하고 책임감 있게 해결하려는 모습이 상실되었다고 꼬집었다. 유럽 최고 리그에서 주전 선수로 활약하고 있는 한국 국가대표팀의 선수 면면을 생각해 봤을 때, 축구 팬들의 기대는 매우 높을 수밖에 없고, 분열된 팀의 모습은 국민적 아쉬움을 만들어 낼 수밖에 없다.

이처럼 원팀이 되지 못하고 분열하는 조직은 원팀이 갖고 있는 특징과 반대되는 모습을 보인다는 것을 알 수 있는데, 분열된 조직에서 흔히 나타나는 다섯 가지 특징을 구체적으로 살펴보자.

첫째, 방향을 상실한 팀은 분열한다

2001년 9·11 테러 이후, 테러와의 전쟁을 선포하며 아프가니스탄에 군대를 파병했던 미국은 2021년 아프가니스탄에서의 철수를 결정했다. 파병 초기만 하더라도 탈레반 정권을 붕괴시키고 알카에다를 제거하겠다는 파병의 목표를 명확히 갖고 있었다. 그러나 20년이라는 시간이 지나면서 미국은 아프가니스탄에서 주둔해야 하는 목표를 상실했다. 미국은 지난 20년간 미군이 아프가니스탄에 주둔하는 이유에 대해 아프가니스탄 정부의 안정화외 국가 재건이라는 목표를 대외적으로 내세웠으나, 많은 외교 전문가로부터 그 목표가 불분명하다는 비판을 받아 왔다.

결국, 2021년 미국은 매우 갑작스럽게 철수 결정을 내렸고, 이는 미숙한 철수 계획으로 이어져 아프가니스탄에 있던 많은 미국인과 동맹국에게 불신을 초래했다. 한 뉴스에 따르면 하루 평균 7,500명 이상의 민간인을 대피시켜야 했고, 그 정도가 심한 날에는 1만 9,000명 이상을 대피시켰다고 한다. 그리고 동맹국들은 미군의 갑작스러운 철수 결정에 자국민들을 안전하게 이동시키는 데 큰 혼란을 겪기도 했다. 또한, 미군이 철수하자마자 탈레반이 아프가니스탄을 바로 재점령하며 지난 20년간 미군이 아프가니스탄에 주둔했던 것을 무색하게 만들었다.

정치 외교 차원에서 다양한 요인이 복합적으로 작용했을 것이라고 생각되지만, 표면적으로 보았을 때 미국은 아프가니스탄에서의 주둔 목표와 방향을 상실했고, 많은 혼란과 실패만을 불러왔을 뿐이다.

여러분의 조직은 자신의 역할과 일에 대해 목표와 방향성이 명확한가? 만약, 원팀의 느낌을 갖지 못한다면 목표와 방향성이 명확한지 먼저 점검해 보는 것은 어떨까? 목표와 방향성을 상실한 팀은 반드시 분열하기 마련이다.

둘째, 서로 신뢰하지 못하는 팀은 분열한다

신뢰는 팀워크의 근간이다. 조직 내에 신뢰가 부족하면 이는 반드시 조직 결속력의 와해로 이어진다. 동료들을 신뢰할 수 없으면 서로 의심하고 경계하는 분위기가 형성되고, 이로 인해 의사소통이 매우 조심스럽고 폐쇄적으로 이루어지기 때문이다. 그 결과, 팀 내 정보가 원활하게 공유되거나 활용되지 못하면서 개인과 조직 모두의 문제 해결력도 저하되는 악순환의 구조를 만들게 된다.

그뿐일까? 신뢰가 부족한 조직에서는 개인주의적 성향이 강화된다. 공동의 목표보다 개인의 이해관계나 이익을 우선시하게 되면 협업보다는 경쟁이 우세해지고, 이로 인해 조직의 결속력은 더욱 약화

[그림 11] 부족한 신뢰가 조직 결속력을 저하하는 과정

된다. 협력보다는 각자도생의 분위기가 자리 잡게 되는 것이다. 앞의 [그림 11]은 신뢰 부족이 조직 결속력을 어떻게 저하할 수 있는지를 도식화한 것이다.

반대로 신뢰가 존재하는 팀은 서로를 지지하며, 개방적이고 효과적인 의사소통을 한다. 이를 통해 정보가 원활하게 공유되어 팀 전체의 문제해결 능력을 향상시키고 조직의 결속력을 강화한다. 이처럼 신뢰는 구성원이 안정감을 느끼고, 서로 협력하는 문화를 구축하는 데 필수적인 역할을 한다.

다음 [그림 12]는 높은 신뢰가 조직의 결속력을 어떻게 강화하는지 나타낸 것이다.

[그림 12] 높은 신뢰가 조직 결속력을 강화하는 과정

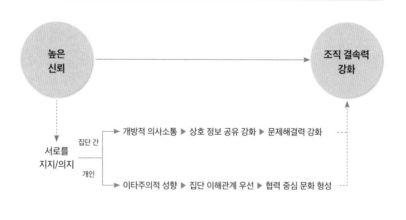

셋째, 갈등을 회피하는 팀은 분열한다

갈등 없는 조직이 좋은 조직이라고 생각하는 경우가 종종 있다. 갈등은 매우 골치 아프기도 하고, 그것을 해결하지 않고 방치하면 문제가 커지는 경우가 많기 때문에 갈등 없는 세상이 좋은 세상이라고 여길 수 있다. 그러나 집단을 이루어 살아가는 곳에는 '언제나', '반드시' 갈등이 존재할 수밖에 없다. 그래서 발전하는 조직은 갈등의 존재를 인정하고, 이를 건설적인 방향으로 해결하며 성장한다. 갈등이 개인과 조직의 성장을 끌어내는 것이다.

그에 반해 갈등을 회피하는 조직에서는 문제가 누적되고 있음에도 불구하고 이를 무시하거나 덮어두는 경향이 강하다. 문제는 해결되지 않고 더 큰 문제로 번질 가능성만 키우게 된다. 또한, 갈등이 발생했을 때 이를 공유하거나 해결하기 위한 소통을 하지 않기 때문에 팀 전체의 문제해결 능력이 저하되고, 그 팀은 결국 분열하게 된다.

여러분은 갈등을 어떻게 대하고 있는가? 만약 갈등을 골치 아픈 것으로 여기며 회피하거나 외면하는 경향이 강했다고 판단된다면 다음 문장을 다시 곱씹어 보면 어떨까?

"골치 아픈 갈등을 인정하고 해결하려는 개인과 조직은 성장하지만, 갈등을 회피하는 조직은 분열한다."

건전한 갈등이 성장을 만든다

당신의 머릿속에 떠오르는 두 개의 스포츠 브랜드를 말해 보라. 아마 많은 사람이 나이키와 아디다스를 떠올렸을 것이다.

이 두 브랜드는 오랜 기간 동안 치열한 경쟁을 벌여 왔다. 1970년대 나이키가 '에어' 기술을 선보이며 시장을 선도하려 할 때, 아디다스는 즉시 반격에 나섰다. 바로 '부스트' 기술이다.

나이키와 아디다스의 경쟁은 단순한 기술 싸움에 그치지 않았다. 두 회사는 각자의 마케팅 전략으로 전 세계 스포츠 팬들의 주목을 받기 위해 치열하게 싸웠다. 나이키가 'Just Do It' 캠페인으로 대중의 마음을 사로잡을 때, 아디다스는 'Impossible is Nothing'이라는 메시지로 맞섰다. 두 회사는 서로의 광고를 분석하고 벤치마킹하며 한 치의 양보도 없이 경쟁했다.

치열한 경쟁은 때때로 갈등을 낳았다. 나이키가 농구 황제 마이클 조던을 내세워 시장을 장악하자, 아디다스는 데이비드 베컴과 같은 축구 스타를 통해 축구 시장을 지배하려 했다. 이 과정에서 두 회사는 서로의 시장 전략을 철저히 분석하고, 더 나은 제품과 서비스를 제공하기 위해 끊임없이 노력했다. 그리고 그 치열함이 외부에서 갈등으로 표출되기도 했다.

그러나 두 회사의 갈등은 단순한 다툼으로 끝나지 않았다. 나이키와 아디다스는 경쟁을 통해 서로를 자극하며 더 나은 기술과 혁신을 이루어

냈기 때문이다. 나이키의 에어맥스와 아디다스의 울트라 부스트는 각각 스포츠 신발 시장에서 혁신의 아이콘이 되었다. 두 회사의 경쟁은 소비자들에게도 큰 혜택을 안겨 주었으며, 스포츠 산업 전체의 발전을 이끌었다.

나이키와 아디다스의 사례를 통해 우리는 갈등과 경쟁이 부정적인 것이 아니라, 더 나은 결과를 만들고, 더 큰 성장을 이루어 낼 수 있는 원동력이 될 수 있음을 알 수 있다.

갈등의 회피는 곧 침몰이다

타이태닉호의 침몰 이유로 여러 가지가 언급되는데 선장의 갈등 회피 측면에서 사건의 원인을 분석한 것이 있어 소개한다.

타이태닉호는 1912년에 첫 항해를 시작한 세계 최대의 여객선으로 '침몰하지 않는 배'로 불리며 큰 기대를 모았다. 그러나 항해 도중, 타이태닉은 여러 차례 빙산과의 충돌 경고를 받았지만, 선장 에드워드 스미스는 빠른 속도로 항해하는 것을 중단하지 않았다.
당시 타이태닉호의 소유주였던 브루스 이즈메이는 타이태닉이 빠르게 항해하여 언론의 주목을 받고, 회사의 명성을 높이기를 원했다. 회장의 이러한 욕심과 기대는 타이태닉호의 선장 에드워드 스미스에게 큰 부담으로 다가왔을 것이다.

타이태닉호 내부적으로 빙산과의 충돌을 걱정하여 속도를 줄이자는 의견이 있었지만, 선장은 회장의 기대와 반대되는 결정을 내리며 그와 갈등 상황에 처해지는 것을 원치 않았다. 결국, 안타깝게 타이태닉호는 빙산과 충돌하게 되었고, 많은 인명 피해가 발생했다.

타이태닉호의 사례는 문제가 될 수 있다는 주변의 경고가 있음에도 불구하고 이해관계자와의 갈등을 회피한 결과가 얼마나 큰 재앙을 초래할 수 있는지를 잘 보여 준다. 만약, 선장이 갈등을 회피하지 않고, 배와 승객의 안전을 염두에 두고 선주와 갈등 해소를 위한 소통을 했다면 어땠을까?

넷째, 책임을 회피하고 전가하는 팀은 분열한다

HBO에서 1986년 4월에 일어난 체르노빌 원전 폭발 사고를 5부작 미니시리즈로 다루며 많은 시청자의 이목을 끌었다. 이 드라마를 제작한 제작진은 방대한 분량의 자료 조사를 통해 체르노빌 원전 사고와 관련된 실존 인물과 사건들을 매우 구체적으로 재연했고, 에미상까지 수상하게 되었다. 특히, 당시에 이 사건을 직접 겪었던 사람들이 이 드라마를 시청한 후 매우 높은 평점을 부여하며 드라마에 담긴 내용이 당시의 실제 모습과 유사했다는 것을 간접적으로 증명했다.

이 체르노빌 원전 폭발 사고는 책임 회피와 전가의 위험성에 대해 많은 시사점을 준다.

체르노빌의 비극은 책임 회피와 전가의 비극이다

체르노빌 원전 사고 당일 밤,

실험을 진행하던 팀은 원자로의 출력을 낮추는 과정에서 여러 차례 경고 신호를 확인했다. 원자로는 불안정한 상태였고, 안전 시스템이 여러 번 작동했음에도 불구하고 고위 관리자는 경고를 무시한 채 계획대로 실험을 진행하라고 지시했다. 안전보다는 상부의 지시와 일정 준수를 더 중요하게 여겼기 때문이다.

결국, 원자로 폭발로 건물이 붕괴하고 방사능이 대기 중으로 방출되었다. 그러나 관리자들은 자신들의 책임을 회피하기 위해 사건의 규모를 축소하여 보고했다. 방사능이 방출되었다는 사실을 모른 채 현장에 출동한 소방관과 구조대원들은 방사능 보호 장비를 착용하지 못한 채 현장에 투입되었고, 큰 피해를 입었다.

사건이 발생한 후에도 소련 정부는 이 사건을 축소하고 책임을 회피하는 데 급급했다. 사고의 원인을 현장 운영자들에게 돌리며 관리 책임을 부인했다. 소련 정부의 고위 관료들은 사고의 심각성을 인정하기는커녕 정보를 은폐하는 데 급급했다. 그 결과, 지역 주민들은 제때 대피하지 못했고, 결국 방사능에 노출되었다. 그러다 스웨덴의 방사능 감지 시스템에 비정상적인 방사능 수치가 포착된 후 소련 정부에서 뒤늦게 사고 사실을 인정했다.

이미 사고가 발생한 지 몇 주가 지난 후였다.

지금까지 당시에 관련된 사람들은 자신의 책임을 회피하고 있고, 명확한 진실은 감춰져 있다. 체르노빌의 비극은 책임 회피와 전가의 비극이다.

이 비극은 책임 회피가 재앙으로 이어질 수 있음을 보여 주는 대표적 사례다. 책임 회피와 전가는 단지 사고를 유발하는 것에 그치지 않고, 발생한 문제를 정상적인 상황으로 되돌리지 못하게 만드는 대표적 요인이다. 자신이 맡은 역할을 다하지 않으면서 다른 사람에게 그 책임을 떠넘기면 조직은 혼란에 빠지게 된다. 그 결과, 팀워크와 신뢰는 무너지고, 결국 팀은 분열할 수밖에 없다.

체르노빌의 비극이 대형 사고로 끝난 것처럼, 작은 조직에서도 책임 회피는 분열을 초래한다. 여러분의 조직에서는 책임을 어떻게 다루고 있는가? 책임을 회피하는 문화는 결국 파국을 맞을 수 있다는 사실을 기억하자.

다섯째, 정보를 공유하지 않는(무시하는) 팀은 분열한다

사업과 조직은 마치 살아 있는 생명체처럼 외부 세계와 끊임없이 상호 작용하며 진화 발전한다. 그 과정을 좀 더 깊게 살펴보면, 조직은 통제나 계획하지 않은 변화보다는 의도적인 계획과 활동하에서 이루어지는 자기 주도적 변화를 추구한다는 점을 알 수 있다. 계획되지 않은 변화는 불확실성을 초래하기 때문이다.

이 과정이 효과적으로 이루어지기 위해서 어떤 것이 필요할까?

가장 중요한 것은 모든 구성원이 자신의 역할을 수행하는 데 있어 충분한 정보를 제공받고 활용할 수 있어야 한다는 점이다. 각자 자신이 몸담은 조직은 구성원들에게 필요한 정보를 투명하게 공유하고 있는지 다시 한번 고민해 볼 필요가 있다.

여러분은 일터에서 필요한 정보를 투명하게 공유받고 활용하고 있는가? 만약, 주요한 정보가 충분하게 공유되지 않은 채 특정인 중심으로만 소유하고 있다면, 여러분의 조직은 분열하고 있는 과정일지도 모른다.

정보가 제한적으로 공유될 때 발생할 수 있는 문제를 살펴보자.

선택받은 자들만 볼 수 있는 문서

그룹 총수 주재로 각 계열사의 CEO, CFO 등 고위임원들이 모여 그 해의 사업 현황을 공유하고 논의하는 기업들이 있다. 주요 경영진들이 모여 현황을 공유하고, 전략 방향에 대해 공감하는 시간을 갖는 것이다. 매년 그 시즌이 되면 자기 회사나 조직과 관련하여 어떤 자료와 이야기들이 오갔는지 궁금해하며 그 회의를 준비하는 실무자에게 문의하는 경우가 있다. 대부분은 부탁받더라도 보안 사항으로 인해 잘 알려주지 않는 것이 일반적이다. 그런데 가끔 관련 정보를 얻게 되면 그 사람은 마치 대단한 고급 정보라도 알게 된 것처럼 다른 동료들에게 으스대는 우스운 모습을 목격하기도 한다.

사실 사업의 현황은 구성원 모두가 조직의 현재 상황을 같은 눈높이에서 인식하고, 수립한 목표를 달성하기 위해 각자의 자리에서 무엇을 실행해야 할지 이해하는 데 있어 공유되어야 할 필수적인 정보다.
예를 들어, 어떤 조직의 중간 점검 결과가 마케팅 전략 수립은 효과적인데 그것을 현장에서 실행하는 '실행력'이 부족한 것으로 판단되었다고 가정해 보자. 보통 총수 주재의 회의에서 이런 내용이 언급되면 그룹사 전체가 '실행력'을 키워드로 제시하는 것이 일반적이다.
하지만 아이러니하게도 현장 구성원 대부분은 '실행력이 강조되었다'라는 '카더라 통신' 수준으로 그 내용을 이해하고 있고, 그 키워드가 강조된 구체적인 배경과 맥락은 알지 못하는 경우가 대부분이다. 현장에서 실행하고 움직일 사람들이 결국 구성원임에도 불구하고 그렇다.
구체적인 배경과 맥락은 그 회의에 참석한 최고위급의 경영진이 가장 많이 알고 있고, 조직의 위계에 따라 그 정보의 공유 정도가 줄어드는 역 피라미드 구조라는 의미이다.

배경과 맥락을 윗사람들만큼 알지 못하는 구성원들에게 '실행력'이라는 키워드는 까마득히 먼 외딴섬에서 들리는 외침과 다름이 없다. 그렇다 보니 실무자들은 기존과 특별히 다른 수준의 시도를 해야 할 목적성이나 당위성도 약해질 수밖에 없다.

곧 현장을 방문해 본 경영진들은 구성원들이 기대만큼 치열하게 실행하지 않는다는 문제의식을 가지게 된다. 한 방향으로 정렬되지 못하는 악순환의 과정에 빠져들게 된 것이다. 마치, 태풍과 두 선장 이야기에서 나온 첫 번째 배처럼.

혹시 당신 조직에는 선택받은 사람들만 볼 수 있는 문서가 있는가?

이 사례에서 조직의 구성원들에게 모든 정보를 경영진과 동등하게 공유하라는 의미가 아니다. 경영상의 이유로 분별해야 할 정보가 분명히 있기 때문이다. 하지만 각 조직에서 활동의 결과조차 구성원들과 공유하지 않는 것은 다시 한번 고려해 볼 필요가 있다.

같은 눈높이에서 상황을 인식하고, 실질적인 변화를 만들어 내는 것은 결국 누구인지 깊게 생각해 본다면, 결과를 공유하지 않는 조직이 분열한다는 것의 의미를 이해했을 것이라고 생각한다.

지금까지 원팀이 되지 못하고 분열하는 조직의 다섯 가지 특징에 대해 살펴보았다. 각 특징들은 독립적으로 존재하지 않으며, 서로 긴밀하게 연결되어 있다. 한 요소의 결핍은 다른 요소에 직접적인 영향을 미친다. 상대적으로 어떤 요인이 다른 요인에 영향을 좀 더 크게 미치는지 각각의 상호 연관성 측면에서 구체적으로 살펴보자.

09

분열하는 조직의 특징: 상호 연관성

방향을 상실한 팀

방향을 상실한 팀은 조직의 목표와 비전이 부재하여 구성원들이 혼란을 겪는다는 점을 살펴보았다. 목표가 명확하지 않으면 구성원들은 어떤 방향으로 노력을 기울여야 할지 불분명해지고, 문제가 생기더라도 목표가 불분명하기 때문에 책임을 회피하기 쉬운 환경이 되기 십상이다. 그리고 책임을 회피하는 모습은 구성원들 간에 신뢰 저하를 야기한다.

[그림 13] 분열하는 조직의 특징 연관도: 방향성 상실

신뢰가 부족한 팀

신뢰가 부족한 팀은 의사소통이 원활하지 않고, 정보가 제대로 공유되지 않으며, 서로를 의심하게 된다. 신뢰가 없는 상태에서는 구성원들이 각자의 책임을 회피하거나 전가하게 될 가능성이 커지고, 이는 조직의 갈등 회피로 이어져 조직의 문제를 해결하기는커녕 축적한다.

[그림 14] 분열하는 조직의 특징 연관도: 신뢰 부족

갈등을 회피하는 팀

갈등을 회피하는 팀은 문제를 해결하기보다는 덮어 두려고 한다. 이는 정보(ex. 결과)의 공유 부족으로 이어지고, 조직 내 정보 공유가 활발하게 이루어지지 않으며 구성원 간 불만과 불신을 초래한다.

[그림 15] 분열하는 조직의 특징 연관도: 갈등 회피

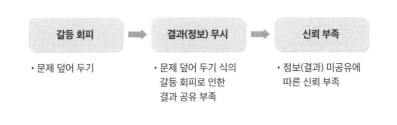

책임을 회피하는 팀

책임을 회피하는 팀은 문제가 발생했을 때 서로에게 책임을 전가하고, 이를 해결하려는 노력을 기울이지 않는다. 이로 인해 구성원 간에는 신뢰가 형성되지 못하고 갈등을 회피하게 된다.

[그림 16] 분열하는 조직의 특징 연관도: 책임 회피

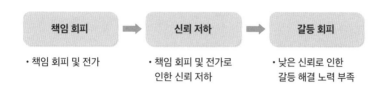

결과를 무시하는 팀

　결과를 무시하거나 공유하지 않는 팀은 구성원들로 하여금 현재 상황을 명확히 인식하지 못하게 만든다. 이는 조직의 방향성과 목표를 상실하게 만들고, 방향성을 인식하지 못한 구성원들은 불분명한 목표로 인해 책임을 회피하기 좋은 환경에 처하게 된다.

[그림 17] 분열하는 조직의 특징 연관도: 결과 무시

분열하는 조직의 개별 특징이 나머지 특징에 미치는 영향을 종합적으로 고려해 분열하는 조직의 통합적 특징을 정리하면 다음과 같다.

> 방향성을 상실한 조직은 구성원의 책임 전가 및 회피를 조장하기 쉽다. 구성원들이 자신의 책임을 전가하고 회피하는 행위가 지속되면 구성원들 간에는 신뢰가 저하되고, 낮은 신뢰는 의사소통이 활발하게 이루어지지 못하게 만들기 십상이다. 낮은 신뢰감으로 인해 의사소통이 원활하게 진행되지 못하는 조직은 갈등을 해결하려고 하기보다 회피하게 만들고, 이러한 회피는 조직의 정보 공유를 부족하게 만든다. 서로 간에 정보가 활발하게 공유되지 못하게 되면 될수록 상호 간에 불만과 불신이 쌓이고 이는 조직이 만들어 내고 있는 결과 등의 정보를 무시하게 하여 목표와 방향성의 상실을 촉진한다.

협업이 효과적으로 이루어지지 못하는 조직 차원의 문제를 방향성, 신뢰, 갈등, 책임, 정보 공유 등의 다섯 가지 측면에서 살펴보았다. 조직과 리더는 이 다섯 가지 요소가 긍정적으로 나타날 수 있도록 적합한 문화와 구조를 마련해서 제공할 수 있어야 한다.

이를 구성원들 간 소통과 조직문화, 일하는 방식 측면에서 하나씩 살펴보자.

[그림 18] 분열하는 조직의 특징 연관도_ 종합

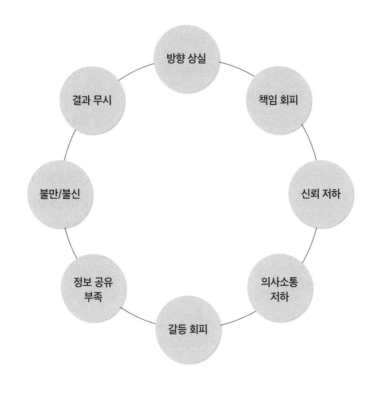

10

협업 환경 설계 ①
소통과 조직문화

옛날, 전 세계의 사람들은 하나의 언어를 사용하며 소통하고 있었다. 이들은 메소포타미아 평원에 위치한 시날 땅으로 이주하여 새로운 도시와 탑을 건설하기로 결심한다. 이들은 탑을 하늘에 닿을 만큼 높게 쌓기로 했다. 탑은 점점 높아져 하늘에 닿을 만큼 높아졌다. 사람들의 행위를 본 신은 인간들의 언어를 혼잡하게 하여 그들이 서로 알아듣지 못하게 했다. 언어가 달라진 사람들은 서로 소통하지 못했다. 서로의 말을 이해할 수 없게 된 사람들은 혼란에 빠졌고, 결국 탑 건설을 중단하게 되었다. 그 후 사람들은 온 세상으로 흩어지게 되었고, 그 탑이 쌓아지던 도시의 이름은 '바벨'이라 불리게 되었다('바벨'은 '혼잡'을 의미하는데 신이 온 세상의 언어를 혼잡하게 한 곳이라는 뜻이다).

바벨탑 이야기는 소통이 제대로 이루어지지 않으면 협력이 어려워진다는 시사점을 우리에게 알려 준다. 마찬가지로 조직 내에서도 효과적인 커뮤니케이션이 이루어지지 않는다면 협업은 실패할 가능성이 크다. 조직 내에서 소통이 원활하게 이루어지지 않을 경우, 구성원들은 각자 다른 방향으로 행동하게 될 가능성이 크기 때문이다. 그래서 협업을 촉진하는 조직의 환경 설계 요소 중 하나로 소통 문화가 중요한 것이다.

구성원들과 무엇을 어디까지 소통하고자 하는지에 따라 조직의 협업 수준은 달라질 수밖에 없다. 그리고 그중 적합한 소통 문화 형성을 위한 우선순위를 꼽는다면 명확한 비전과 목표를 설정하고, 업무를 수행하는 과정에서 상호 개방적이고 투명하게 소통할 수 있는 여건을 제공하는 것이다.

소통 문화 형성의 두 가지 조건인 '명확한 비전과 목표의 설정', '개방적이고 투명한 소통 환경의 조성'을 구체적으로 살펴보자.

명확한 비전과 목표의 설정

조직이 나아가고자 하는 방향, 달성하고자 하는 목표가 명확할수록 구성원들은 자신이 어떤 방향으로 얼마만큼 노력을 기울여야 하는지 이해할 수 있다. 이는 구성원 개인이 자신의 일에 대해 긍정적인 태도를 갖게 하는 기반이 되기도 하며, 다른 동료들과 협업할 때 그 필요성에 가치를 부여해 주는 역할을 하기도 한다.

너무나 기본적인 사항이지만, 명확한 비전과 목표를 설정할 때 조직 차원에서 강조해야 하는 원칙이 있다면 바로 조직의 모든 목표는 SMART 원칙에 따라 수립되고 제시되어야 한다는 점이다. 목표를 수립할 때 Specific(구체적), Measurable(측정 가능), Achievable(달성 가능), Relevant(관련성 있는), Time-bound(시간 제한이 있는) 원칙에 따라 설정해야 한다는 원칙이다. 이 원칙이 녹아 있는 비전과 목표가 제시될 때 구성원들은 좀 더 명확하게 목표를 인식하고, 필요한 노력의 방향과 수준을 알 수 있다.

이러한 기본적인 사항을 잘 지키고 있다는 가정하에 추가로 살펴볼 만한 사례가 있다. 바로 구글의 OKR^Objectives and Key Results 사례이다. 구글의 OKR은 명확한 목표 설정과 성과 측정을 통해 조직의 효율성과 혁신을 극대화한 것으로 평가받는 대표적 성과관리 제도이다. OKR은 목표^Objective와 핵심 결과^Key Results로 구성되며, 목표는 달성하고자 하는 방향성을, 핵심 결과는 그 목표를 어떻게 측정하고 평가할지를 정의하는 것으로 이해할 수 있다. 예를 들어, 목표가 '세계 최고의 검색 엔진'이라면, 핵심 결과로는 '검색 속도 개선', '검색 결과의 정확성 향상', '사용자 만족도 증가' 등을 반영할 수 있다.

OKR의 대표 특징 중 하나는 자신과 자신이 속한 조직의 목표를 조직 내 모두와 공유한다는 점인데, 이러한 방식은 조직의 투명한 커뮤니케이션과 협업을 촉진하는 데 있어 중요한 기반이 된다. 왜냐하면 각자 현재 목표하는 바가 무엇인지 명확하게 공유되기 때문에 동료들은 그 구성원과 어떤 점을 중심으로 소통하고 협력해야 하는지에 대해 좀 더 명확하게 이해할 수 있다. 이는 마치 같은 목표 속에서 같은 언어로 소통한 바벨탑 이야기처럼, 명확한 방향과 목표 속에서 같은 눈높이로 소통하면 더 높은 성과 창출을 촉진한다.

여러분의 조직은 명확한 비전과 목표를 수립하여 구성원들이 같은 눈높이로 이해할 수 있도록 소통하는 과정을 거치고 있는가? 그 속에서 동료와 동료, 부서와 부서 간에 유기적으로 협업할 수 있는 시스템을 구축하고 운영하고 있는가?

명확한 비전과 목표 설정이 없으면 협업은 요원하다. 효과적 협업을 위해서는 모든 구성원이 같은 목표를 이해하고 공유하는 과정이 필수적이라는 점을 기억하여 다음 내용을 살펴보자.

개방적이고 투명한 소통 환경 조성

투명하고 개방적인 의사소통 환경은 구성원들 간의 활발한 소통을 촉진하며 협업을 통한 문제해결 가능성을 높인다. 이러한 환경을 구축하기 위해 구성원들이 자유롭게 의견을 나눌 수 있는 다양한 의사소통 채널을 마련하거나, 정기적인 회의와 미팅이 이루어질 수 있는 소통 환경 구축 등을 고려해 볼 수 있다.

개방적이고 투명한 소통 환경의 극단적인 사례를 살펴보자.

내 연봉이 회사 홈페이지에 공유된다면?

인스타그램, 링크드인, 페이스북 등의 다양한 소셜 미디어에서 콘텐츠를 관리하고 게시할 수 있게 플랫폼을 제공하는 회사인 버퍼^{Buffer}는 직원들의 급여, 주식 배분, 재무 상황 모두를 투명하게 공개하는 기업으로 유명하다.

모든 직원이 원격으로 근무하고 있고, 정해진 연봉 공식에 따라 연봉을 지급하는데 홈페이지에 모든 직원의 연봉이 공개되기까지 한다. 그래서 버퍼에 입사하지 않더라도 만약 내가 버퍼에 입사한다면 얼마를 받게 되는지 외부인도 바로 알 수 있다.

연봉은 '[(직책×경력)+부양가족+선택 사항]×충성도'로 산정된다.

① 직책
'[기본급+거주지+생활비]×직책 가치'로 산정된다. 이때 기본급은 기업 정보 사이트에서 제공하는 직무 평균 연봉으로 산정되고, 거주지는 거주하는 도시의 집값을 고려해 차등 지급한다. 생활비는 거주지 물가에 근거해 최대 연 8,000달러까지 추가 지급을 하는데, 거주지와 생활비는 전 세계를 4개 그룹으로 나누어 비용을 산정하고 대도시일수록 많이 준다고 한다. 마지막으로 직책 가치는 회사에서 필요한 직책의 경우 가중치를 준다.

② 경력

Beginner, Intermediate, advanced, master 등의 4단계로 나누어 1.0~1.3의 가중치를 부여한다.

③ 부양가족

부양가족 1명당 3,000달러씩 추가 지급한다.

④ 선택 사항

1만 달러를 연봉에 추가하거나 회사 주식을 나눠 받는 것 중 하나를 선택한다.

⑤ 충성도

버퍼에서의 근무 햇수에 0.05를 곱한 값으로 매년 연봉이 5%씩 기본적으로 인상되는 것과 같다(충성도라고 해서 상사에 의한 정성 평가를 하지 않는다).

성과급이 없어 동기부여가 안 될 것 같지만, 이는 직책 가치로 해결한다. 직책 가치는 회사에 필요한 직책일 경우 가중치를 두는 것인데, 6개월 한 번씩 모두 함께 모여 토론으로 결정한다.

버퍼의 공동 창업자 조엘 개스코인과 레오 위드리치는 이렇게 말했다.

"창업 때는 우리도 비공개였다. 그런데 직원 수가 늘어나고 직원 간 정보 격차가 생기면서 사내 정치가 생기고 갈등이 생기기 시작했다. 그래서 모든 정보를 공개하기로 했다."

"처음에는 (연봉 공개에) 저항도 있었다. 그러나 지금 모두 만족하는 이유는 계산 방식이 투명하기 때문이다. 이런 방식을 받아들이고 사내 정치보다 일에만 집중할 열정이 있는 사람들, 사고가 개방된 사람들이 우리 회사에 지원하게 되었다."

조직 내에 개방적이고 투명한 의사소통 환경을 조성하기 위해 버퍼가 선택한 방식이 얼마나 효과가 있는지는 아직은 판단할 수 없다. 다만, 개방적이고 투명한 의사소통 환경을 조직에 구축하기 위해 환경 변수 차원에서 다양한 시도와 노력을 하고 있는 점은 참고해 볼 필요가 있다.

비록 버퍼의 사례가 극단적으로 보일 수 있지만, 모든 정보를 투명하게 공유하는 조직 환경이 어떻게 신뢰를 형성하고 협업을 촉진할 수 있는지에 대해 확인해 볼 수 있다. 여러분의 조직에 맞는 수준에서 투명성과 개방성을 적용할 수 있는 방안을 찾아보는 것은 어떨까? 마치 구글에서 OKR을 통해 각자의 목표를 공유하는 것처럼 말이다.

투명하고 개방적인 소통 환경 조성 차원에서 쉽게 적용해 볼 수 있는 다음 두 가지 활동을 참고해 보자.

Tip 1. 메신저에 업무 외적인 내용을 적절히 소통하라

메신저는 물리적 공간에 구애받지 않고 구성원들 간에 활발하게 소통할 수 있는 대표 수단이다. 그런데 이 메신저를 활용하는 모습을 보면 조직의 특징이 보인다. 메신저상에서 철저하게 업무 이야기만 오가는 조직이 있고, Informal(비공식적)한 이야기가 적당한 수준으로 공유되며 업무 내용까지 효과적으로 공유되는 조직이 있다. 투명하고 개방적인 소통은 선언하고 강조한다고 해서 하루아침에 이루어지지 않는다. 앞에서 신뢰 형성의 3단계를 살펴봤듯이, 구성원들이 서로에 대해 이해하고 예측 가능할 때 투명하고 개방적인 소통의 가능성은 더 커진다. Informal한 이야기가 하루에 한두 번 적절한 수준으로 오갈 수 있도록 함께 노력해 보면 어떨까?

Tip 2. 정기적 소통 시간을 의도적으로 마련하라

팀 전체가 모여서 소통할 수 있는 시간을 의도적으로 마련하는 것을 추천한다. 그 형태는 주간 회의일 수도 있고, 다른 형태의 정기 소통 미팅일 수도 있다. 한국의 대표적 놀이동산에서는 한겨울에도 관광객들이 호랑이를 볼 수 있도록 바위 밑에 열선을 깔아 둔다고 한다. 추운 겨울에 바위가 따뜻하니 호랑이가 스스로 관광객들이 지나가는 동선에 있는 바위에 올라가기 때문이다. 이처럼 무엇인가 강제하기보다는 그러한 행동을 할 수 있게 환경을 설계하는 것이 지속성 측면에서 훨씬 효과적이다. 정기적인 소통 시간을 의도적으로 갖는 것도 구성원 간에 투명하고 개방적인 소통을 촉진할 수 있는 대표적 환경 설계가 될 수 있다.

공정성의 강화

조직문화 차원에서 협업을 촉진하기 위한 활동으로 가장 강조하고 싶은 사항이 있다면 바로 '공정성'의 강화이다. 조직 전반에 공정성에 대한 긍정적 인식 수준이 높을수록 협업의 가능성은 커진다. 자신이 노력한 것에 대해 조직이 객관적으로 판단하여 공정하게 대우한다고 느끼기 때문이다. 만약, 내가 속한 조직이 불공정하다고 느낀다면 자신의 노력을 줄이거나, 다른 동료나 조직이 만들어 낸 결과나 평가를 폄하할 가능성이 커지게 된다.

알아 두면 협업 문화 조성에 도움이 되는 공정성 이론

한국 직장 사회에 몇 년 전부터 최근에 이르기까지 큰 화두로 다루어지고 있는 키워드를 꼽는다면 그중 하나가 바로 '공정성'이다.

공정성 이론에 따르면 구성원 개인은 본인의 Input(인풋)과 조직으로부터 돌려받는 Return(아웃풋)을 다른 동료들의 그것과 비교하며, 그 과정에서 인식된 불공정한 요소를 제거하고 '공정한 상태'로 회복하려고 노력한다.

[그림 19] 내적 공정성 vs 외적 공정성

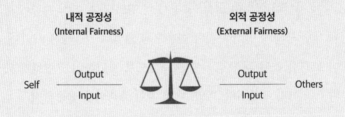

우리는 내적 공정성[Self]과 외적 공정성[Others] 간 비교를 통해 자신의 불공정성을 지각하고, 그로 인해 다양한 부정적 모습을 만들어 낸다. 대표적으로 내적 공정성이 외적 공정성보다 낮게 인식되는 경우(내가 과소보상을 받고 있다는 인식), 나의 노력을 줄이거나 남이 만들어 낸 결과를 폄하하거나 왜곡하고, 조직을 이탈하는 모습 등을 통해 공정한 상태로 회복하려는 경향이 나타나게 된다.

사례: 내적 공정성 < 외적 공정성(내가 과소 보상을 받고 있다는 인식)

김민수 과장은 아침부터 심각한 표정으로 자리에 앉아 있습니다. 조용히 눈치를 보던 이민성 대리가 메신저를 보냅니다.

'과장님, 무슨 안 좋은 일 있으세요?'

'지금 정말 기분 최악이다. 내년 승진 대상자에 내가 아니라 홍해민 과장이 올라갔다는 소문이 돌고 있더라고!'

'홍해민 과장님이요? 그렇지 않아도 요즘 올리는 기획안마다 팀장님 칭찬을 많이 받던데…. 과장님 기분이 안 좋을 상황이긴 하네요.'

'홍해민 과장 기획안? 그것을 혼자 한 것도 아니고. 우리가 도와줘서 나온 기획안이지. 그리고 하루에 네다섯 번씩 팀장 따라다니면서 커피 마시고, 담배 태우고. 내가 술자리에서 아부하는 소리 들은 걸 정리하면 A4 용지로 100장은 나오겠다. 승진자를 아부 순으로 정했나?'

'과장님, 기분 좀 푸세요~. 아직 확정된 것도 아니잖아요.'

이 사례에서 김 과장은 동료인 홍 과장이 승진 대상자가 된 것은 업무 성과가 아닌 팀장과 자주 담배를 태우러 나가고 술자리에서 아부성 발언을 해서 얻어 낸 결과라고 폄하하거나 왜곡하고 있다. 이처럼 내적 공정성이 외적 공정성보다 낮게 인식되는 경우, 조직이나 동료들에 대해 부정적 감정을 품고 비아냥거리는 태도가 관찰될 확률이 높아지게 된다.

한편으로 내적 공정성이 외적 공정성보다 높게 인식되는 경우(내가 과대 보상을 받고 있다는 인식), 자신의 과업에 대한 믿음과 인정을 강화하여 내 인식을 왜곡하거나 남의 노력을 폄하하는 등의 인식 왜곡 과정을 통해 공정한 상태로 회복하려는 경향이 나타나게 된다. 예를 들어, 앞선 사례에서 홍 과장이 김 과장에 대해 "평소 팀장과 원활하게 원만한 관계를 쌓지 않고 자신만의 생각에 빠져 업무를 수행하니 인정을 받지 못한다"라고 이야기하는 장면을 생각해 보면 쉽게 이해할 수 있다.

공정성 이론은 분배 정의, 절차 정의, 상호 작용 정의의 세 가지 조직 정의를 통해 공정성을 구성하는 각 요소를 설명하고 있다.

분배 정의는 '내가 이번에 받은 성과급 1,000만 원은 당연해!'와 같이 분배의 결과가 공정하다는 것에 대한 지각을 다루는 것이다. 절차 정의는 분배를 결정하는 과정과 절차의 공정성에 대한 지각을 의미한다. 예를 들어 1,000만 원이라는 분배 결과를 결정할 때 내가 그 과정에서 의견을 피력할 수 있거나, 의견을 피력하지는 못하더라도 어떤 기준과 산출 방식에 따라 그 결과가 도출되었는지에 대해 사전적으로 설명을 듣고 이해할 수 있는 시간을 가졌는지 등과 같은 내용으로 이해할 수 있다. 마지막으로 상호 작용 정의는 자신에 대한 충분한 존중과 인간적 배려를 바탕으로 분배 과정과 결과에 대해 설명하고, 설득하는 상호 작용을 거쳤는지에 대한 내용을 의미한다.

출처: 『저성과자로 고민하는 팀장에게』 중 발췌, 수정 인용

공정성은 살펴본 바와 같이, 개인의 지각된 인식이기 때문에 완벽하게 공정한 상태를 유지하는 것은 불가능에 가깝다. 다만, 영향력이 있는 리더가 진행 과정에서 구성원들을 존중하고, 그들이 충분히 참여하고 소통할 수 있게 하는 과정을 통해 공정성에 대한 인식을 개선해 갈 수 있다는 점은 분명하다.

예를 들어, 평가와 보상은 어떻게 해도 불만을 가질 수밖에 없다는 관조적인 태도보다는 평가와 보상 시스템이 구성원들에게 신뢰할 만한 수준으로 여겨지고 있는지 끊임없이 점검한다. 그리고 제도가 갖는 불완전함을 구성원과의 적극적 소통 태도를 통해 인식의 간극을 좁혀 나가고자 하는 모습 등을 고려해 볼 수 있다.

공정성의 수준을 높이는 핵심은 이처럼 '소통하려는 태도'이다. 여러분은 공정성에 대한 문제를 외면하고 있는가? 소통하고 있는가?

11

협업 환경 설계 ②
일하는 방식

다음 달에 학교 운동회가 열릴 예정이다. 이번 운동회에서는 5개 종목이 반 대항전으로 열리는데, 3학년 2반 학생들은 누가 어떤 종목에 출전할지 활발하게 논의하고 있다. 한 사람이 2개 종목 이상에 출전하지 못하는 규정 때문에, 최적의 선수 배치를 위해 점심시간마다 모여 치열하게 토론한다. 이 모습을 지켜본 담임 선생님은 이렇게 하나 된 모습은 처음이라며 우승하게 되면 전체에게 치킨을 사 주겠다고 약속을 내걸었다. 3학년 2반 학생 모두 하나가 되어 뭉치고 있다.

3학년 2반 학생들이 한 팀이 될 수 있었던 원동력은 무엇일까? 바로 공동의 목표, 즉 운동회 우승이라는 목표가 있기 때문이다. 학생들이 운동회 우승을 위해 서로 협력하며 준비하는 모습을 보면 일터의 프로젝트 장면과 유사하다는 점을 알 수 있다.

이는 학생들의 운동회 준비에서 확인할 수 있는 속성들이 프로젝트에도 동일하게 존재한다는 의미다. 학생들이 운동회 우승이라는 공동의 목표를 갖고 있듯이 프로젝트에도 달성해야 할 명확한 목표가 있다. 또한, 운동회가 1년에 한 번 열리는 것처럼 프로젝트는 평소 수행하지 않았던 일을 완수하기 위해 구성되고, 운동회가 열리는 날짜가 정해져 있듯이 프로젝트도 납기일이 정해져 있다.

이러한 속성 때문에 프로젝트는 일상 업무에 비해 훨씬 더 구성원들 간에 결속력을 강화하는 특성을 갖고 있다. 구성원들 간 협업을 촉진하고 싶다면 의도적으로 Task나 프로젝트를 활성화시키려는 것도 의미 있는 접근이 될 수 있다.

다음 Rocky 팀장의 조직 운영 사례를 통해 팀 내에서 Task나 프로젝트를 활성화하여 구성원 간 협업을 촉진하는 구체적 모습을 확인해 보자.

Rocky 팀장이 Task를 팀에 많이 만들었던 이유

Rocky 팀장이 맡고 있는 팀은 팀 내 다양한 Task가 많기로 유명하다. 12명의 팀으로 구성되어 있는데 팀은 3개의 파트와 5개 Task로 구성이 되어 있다.

Rocky 팀장이 맡고 있는 조직의 R&R을 함께 살펴보자.

[표 7] Rocky 팀의 업무 분장표   O: Task Leader

구분			TASK 1	TASK 2	TASK 3	TASK 4
A 파트	파트장	철수			V	
	파트원	형민	O			
	파트원	민수			V	
	파트원	하니		V		
B 파트	파트장	진아		V		
	파트원	원희	V			O
	파트원	준동		O		
	파트원	주희				V
C 파트	파트장	욱희				V
	파트원	용수			O	
	파트원	사랑	V			
	파트원	소망		V		

특징 1. 각 파트와 Task마다 Leader가 있다.

특징 2. 파트장이 Task에서는 Task 원이 되기도 하고, Task 리더가 파트에서는 파트원이 되기도 한다.

특징 3. Task 구성 시에는 3개 파트의 구성원이 고르게 섞여 구성된다.

이와 같은 조직 구조는 구성원들에게 몇 가지 긍정적 행동을 촉진한다.

첫째, 위계 중심의 접근보다는 역할과 과업 중심의 업무 문화가 형성된다. 파트 업무에서는 파트장이지만, Task 업무에서는 Task의 일원이기 때문에 역할과 업무 중심의 소통이 촉진된다.

둘째, 파트가 이익집단이 되는 것을 예방할 수 있다. 특정 이해관계 중심으로 구성원들이 뭉치면 그 집단은 이익집단이 될 가능성이 크다. 이익집단은 조직 전체의 이익보다는 단위 집단의 이해관계를 우선시한다. 하지만 이와 같은 구조에서는 파트 구성원들이 Task 활동을 통해 폭넓은 관계를 형성하기 때문에 이 문제를 예방하기 좋다.

물론 팀 내 매트릭스 형태의 조직 구조, 많은 Task는 업무의 복잡도와 난이도를 높이는 부정적인 면도 있다. 그러나 Task 등의 프로젝트성 활동이 조직 내에서 활발하게 작동되면 조직 내 구성원들 간에 협업이 촉진된다는 장점은 명확하다.
리더 개인의 조직 운영 철학에 따라 그 수준은 조금씩 다를 수 있겠지만, 프로젝트 활동을 의도적으로 설계하고 장려함으로써 구성원 간 협업을 촉진할 수 있다는 점을 참고해 보기 바란다.

협업을 촉진하는 공동체

3장에서는 구성원과 조직 간 협업을 촉진하는 공동체(조직, 집단)의 특징에 대해 확인했다. 공동체 차원에서 환경, 문화, 일하는 방식 등의 설계를 통해 구성원 개인의 본원적 역량이 더욱 효과적으로 발휘될 수 있게 하는 구체적 내용을 확인하고, 우리가 몸담은 공동체는 어떤 모습인지 확인해 볼 수 있었을 것이라고 기대한다.

이번 장의 내용을 정리하는 차원에서 다음 체크리스트를 활용하여 각자가 속해 있는 조직의 '협업 환경 수준'을 점검해 보기 바란다. 앞장에서도 언급했지만, 체크리스트를 활용할 때 절대적인 개수에 의미를 두기보다는 자신이 속한 조직의 협업 촉진 환경 조성을 위해 현재 잘하고 있는 점과 보완해야 할 점이 무엇인지 확인하는 데 초점을 두기를 권한다. 완벽한 조직은 없다. 다만, 끊임없이 노력하고 성찰하며 발전하는 조직만이 있을 뿐이다.

[표 8] 협업을 촉진하는 공동체의 조건 체크리스트

대항목	Indicator	여부
명확한 방향성	나의 조직은 명확한 방향과 목표를 갖고 있다.	
	나의 조직은 방향과 목표를 명확하게 공유한다.	
	나의 조직은 방향과 목표를 서로 제대로 인식/이해하고 있는지 점검한다.	
신뢰	나의 조직은 서로를 의심하거나 경계하지 않는다	
	나의 조직은 개방적으로 소통한다.	
	나의 조직은 함께 문제를 해결하려 한다.	
	나의 조직은 경쟁보다는 협력 중심의 문화를 강조한다.	
	나의 조직은 공정한 문화를 조성하고자 노력한다.	
갈등	나의 조직은 갈등이 개인과 조직의 성장을 만든다고 믿는다	
	나의 조직은 문제를 덮어두지 않는다.	
	나의 조직은 갈등 상황을 서로 적극적으로 공유하고 소통한다.	
	나의 조직은 갈등 상황이 발생하면 그것을 함께 해결하는 데 초점을 맞춘다.	
책임	나의 조직은 역할과 책임이 명확하게 정의되어 있다.	
	나의 조직은 역할과 책임을 업무 상황이나 목표에 따라 유기적으로 조정한다.	
	나의 조직은 서로 유기적으로 협업할 수 있는 조직 구조로 운영된다.	
	나의 조직은 책임을 회피하거나 전가하지 않는다.	
	나의 조직은 실패 속에서 학습한다.	
정보 공유	나의 조직은 정보를 투명하게 공유한다.	
	나의 조직에는 구성원 간 정보 격차가 적다.	
	나의 조직은 공유한 정보를 적극적으로 활용한다.	
	나의 조직은 활발하게 소통이 이루어질 수 있게 하는 환경(정책, 제도, 도구) 등을 갖고 있다.	

4장

협업의 고수되기

4장에서는 주요 이해관계자와 효과적으로 협업을 끌어내기 위한 구체적 방법을 확인합니다. 상사, 유관부서, 후배/부하 구성원 등 360도 차원에서 주요 이해관계자와 협업을 진행할 때 실무 현장에서 겪게 되는 이슈를 확인하고, 각 특성별로 협업을 성공적으로 끌어낼 수 있는 구체 방법을 확인하며 협업의 고수로 거듭나기 위한 모습을 그려볼 수 있습니다.

INTRO

여리 왕국은 새롭게 정착할 지역을 찾아 이동 중이다. 이동에 이동을 거듭하다가 큰 강을 앞에 두고 왕국 전체가 멈췄다. 왕과 여러 행정 부서, 백성들 모두 그 큰 강을 건너는 데 두려움과 거부감을 느꼈기 때문이었다. 왕국에서 가장 지혜로운 신하 3명이 나섰다.

첫 번째 신하는 충성스러운 신하였다. 그는 자신의 왕이 이 큰 강을 건널 수 있는 확신과 용기를 가질 수 있게 하는 역할을 맡았다. 충성스러운 신하는 왕이 이 강을 건너는 것에 대해 우려하는 점과 이 강을 건널 때 왕이 주요하게 고려하고 있는 사항들을 새겨들었다. 왕이 갖고 있는 여러 가지 걱정과 생각들을 경청하며 공감해 주었고, 준비하는 과정을 왕에게 상세하게 알려주며 왕에게 확신과 용기를 심어 주었다.

두 번째 신하는 조율에 뛰어난 신하였다. 강을 건너갈 때 음식을 옮겨야 하는 부서, 가축을 옮겨야 하는 부서, 솜을 옮겨야 하는 부서, 무거운 집기를 옮겨야 하는 부서 등 여러 부서가 있었고, 제각기 입장이 모두 달랐다. 강을 건너는 방법이나 시기에 따라 서로의 이해관계가 달라 부서 간에 말다툼이 일어나기도 했다.

두 번째 신하는 각 부서들을 만나며 입장을 들어보고 왜 그런 입장을 취하게 되었는지 상세하게 파악했다. 그리고 그들과 함께 식사하고, 늦은 밤까지 술자리를 가지며 그들의 마음속 깊은 이야기를 하나씩 파악해 나갔다. 그 과정에서 각 부서가 갖고 있는 불안을 해소하는 방향으로 소통했고, 이 강을 성공적으로 건너게 된다면 각자가 양보하고 헌신한 것을 왕에게 잘 이야기하여 충분한 보상을 받을 수 있게 돕겠다고 약속하며 여러 부서의 협조를 얻어 냈다.

세 번째 신하는 백성들에게 존경받는 신하였다. 백성들이 앞으로 더 안전하고 평화롭게 살기 위해서는 힘들더라도 반드시 이 강을 건너야만 한다는 점을 명확하게 소통했다. 매일 백성들이 머무르고 있는 곳에 가서 연설하기도 하고, 백성들 사이에서 구심점 역할을 하는 사람들을 따로 만나 강을 건너야 하는 필요성을 인식시켰다. 그 과정에서 백성들이 걱정하는 점을 적극적으로 경청하고, 보완해야 할 것은 보완했다. 그리고 우려하는 상황이 발생했을 때 어떻게 대처하면 좋을지 상세하게 계획을 수립해서 백성들에게 제시하며 그들이 용기를 가지게 하였다.

세 신하의 활약 덕분에 드디어 모두 강을 건너겠다고 마음먹었다.

왕국의 사람들은 성공적으로 강을 건넜고, 안전하고 평화로운 지역에 정착하여 번영을 누렸다.

　봉착한 문제를 해결하기 위해 일터에서 협업을 추진할 때 원활하게 이루어지지 않는 경우가 많다. 협업의 특성상 주로 상대방과의 상호 작용에서 문제가 비롯되는 경우가 많다. 그리고 그 상대방이 나의 상사인지, 유관부서인지, 후배/부하 구성원인지에 따라 겪게 되는 상황 특성이 다르다. 따라서 협업을 성공적으로 진행하기 위해서는 각 이해관계자의 특성을 이해하고, 협업을 추진하는 과정에서 발생할 수 있는 문제를 예상하여 효과적으로 대응할 수 있는 방법을 익히는 것이 필요하다.

　이번 장에서는 일터에서 협업을 추진할 때 상호 작용하게 되는 상사, 유관부서, 후배/부하 구성원 등의 이해관계자들과 효과적으로 협업할 수 있는 방법을 살펴보도록 하자.

12

상사와 협업 시
겪을 수 있는 문제

상사와의 협업은 상사의 지지나 지원 속에서 내가 맡은 일을 추진해 나가는 모습이라고 할 수 있다. 그럼 상사와의 협업이 원활하게 이루어지지 못하게 되는 대표적인 원인은 무엇일까. 문제의 핵심을 한 단어로 요약하면 '불일치'이다. 상사의 생각과 실무자의 생각이 불일치한다는 것인데, 그 구체 내용은 '기대', '권한과 책임', '신뢰'의 세 가지로 요약해서 살펴볼 수 있다.

여러분도 상사와의 관계에서 어떤 불일치를 경험했는지 자신의 사례를 떠올리며, 다음 내용을 하나씩 살펴보기를 추천한다.

기대에 대한 불일치

우리 일터에서 가장 빈번하게 이루어지는 업무 행위 중 하나인 '회의'를 떠올려 보고, 회의 진행의 전·중·후 관점에서 요구되는 활동과 산출물을 상상해 보자.

[그림 20] 회의 시 필요 활동 및 산출물 예시

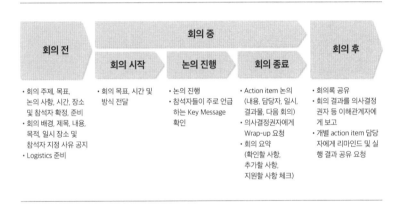

[그림 20]에서 볼 수 있듯이 '회의'와 관련하여 많은 활동과 다양한 형태의 산출물을 상상해 볼 수 있다. 회의라는 일반적인 활동 하나에도 사람마다 기대하는 활동이나 아웃풋은 넓고 다양하게 나타난다. 그런데 문제는 상사와 구성원의 기대가 서로 다르다는 데 있다. '회의' 장면에서 흔하게 겪을 수 있는 상사와 구성원 간의 에피소드를 함께 살펴보자.

에피소드

네가 할 줄 알았는데

1. 회의 준비

김 팀장: 이 대리, 이번 주 금요일 회의 준비 잘하고 있지?

이 대리: 네, 필요한 자료들은 다 준비하고 있습니다.

김 팀장: 좋아, 회의 안건도 잘 정리해서 모든 참석자에게 회의 전에 공유해야 해.

이 대리: (조금 당황하며) 아, 팀장님. 회의 안건 공유는 팀장님이 하시는 게 아닌가요? 저는 자료만 준비하면 된다고 생각했는데요.

김 팀장: 아, 이 대리. 보통 회의 안건을 사전에 공유하는 건 실무자의 몫이야. 참석자들이 미리 준비할 수 있도록 말이야.

이 대리: (속으로) 회의 자료 준비도 바쁜데, 안건까지 내가 해야 한다고? 팀장님이 직접 하실 줄 알았는데….

2. 회의 중

김 팀장: 자, 이 대리. 준비한 자료 설명 부탁해.

이 대리: 네, 여기 준비한 자료입니다(자료를 설명하면서).

김 팀장: 설명은 좋은데, 자료 설명 후에 참석자들의 의견을 잘 끌어내야 해. 다들 의견이 있을 텐데 말이야.

이 대리: (당황하며) 아, 저는 자료 설명까지만 하면 되는 줄 알았습니다. 의견 수렴은 팀장님이 주도하시지 않나요?

김 팀장: 아니, 아니. 이 대리가 오늘 회의 주제에 대해 더 잘 알고 있으

니, 적극적으로 의견을 끌어내야지. 그게 실무자가 해야 할 일이야.

이 대리: (속으로) 내가 모든 의견까지 끌어내야 한다니…. 팀장님이 하실 줄 알았는데….

3. 회의 후

김 팀장: 자, 그럼 오늘 논의된 내용을 바탕으로 다음 단계를 정리해 보자.

이 대리: 다음 단계요? (망설이며) 저는 오늘 회의 내용까지만 정리하면 되는 줄 알았는데….

김 팀장: 이 대리, 회의 후 다음 단계까지 정리하는 건 회의의 필수 요소야. 오늘 논의된 내용을 바탕으로 다음 할 일을 명확히 하는 게 중요하잖아.

이 대리: (조금 혼란스럽게) 아, 그렇군요…. 알겠습니다. 다음부터는 신경 쓰겠습니다.

김 팀장: 참! 이 대리, 회의 후 피드백도 잊지 말고 해 줘. 참석자들에게 오늘 논의된 내용과 앞으로의 계획을 메일로 보내는 게 중요하니까.

이 대리: (속으로) 피드백까지 내가 해야 한다고? 이런 건 상사가 하는 게 아니었나…. 이번 주 내내 이 업무로 바쁘겠네.

각색한 사례이긴 하나, 직장에 재직하던 시절 후배 구성원이 팀장님과 함께 회의를 준비하고 진행하는 과정에서 푸념을 늘어놓았던 사례다. 현실에서도 그 후배는 팀장님의 지지나 협업을 잘 얻어 내지 못하는 편이라 업무를 진행하는 과정에서 고생했다.

김 팀장과 이 대리의 사례를 곱씹어 보면 일에 대한 R&R, 수행해야 할 범위와 방식, 단계별로 도출되어야 하는 아웃풋, 결과물의 품질 수준과 납기, 투입해야 하는 자원 등에 대해 서로의 기대가 불 일치한다는 점을 알 수 있다.

[3. 회의 후] 에피소드에서 김 팀장의 표현 중 "회의 후 다음 단계까지 정리하는 건 회의의 필수 요소야"라는 표현을 곱씹어 보자. 표현에서 느끼고 있겠지만, 대부분의 리더는 자신이 생각하는 기대(그 일에 대한 R&R, 수행해야 할 범위와 방식, 단계별로 도출되어야 하는 아웃풋, 결과물의 품질 수준과 납기, 투입해야 하는 자원 등)를 구성원과 '합의'의 영역으로 여기기보다는 당연히 지켜야 할 '기본'의 영역으로 여기는 경우가 훨씬 많다.

이러한 현실의 상황을 고려하지 않은 채 부하 직원인 구성원이 상사의 '기대'에 대해 확인하고 소통하는 과정을 갖지 않으면, 조직의 위계상 부하 직원에게 불리한 불일치가 매번 발생할 수밖에 없다. 그리고 이러한 상황이 반복되면 일터에서 상사와 원활하게 협업하지 못하는 구성원으로 낙인찍히기 십상이다. 즉 상사와 협업할 때 상사는 나와 다른 '기대'가 있다는 불일치를 염두에 두어야 한다.

여러분은 일을 시작하기 전 상사와의 불일치를 인정하며 그 기대를 확인하고 있는가?

권한과 책임에 대한 불일치

대부분의 조직은 위계와 역할 체계를 갖고 있다. 일반적으로 각 업무에 대해 누가 얼마만큼의 권한으로 어느 범위까지 책임을 지는지 정해져 있다는 의미이다. 하지만 사람들이 모여 일하는 일터에서는 그 범위와 책임이 기계적으로 작동하기 힘들다. 오히려 실무 현장에서는 문서로 규정되어 있는 일 외에도 자신의 R&R을 넓게 해석하여 주도적으로 일할 것을 장려하는 것이 그 증거이기도 하다.

보통 자신의 R&R을 넓게 해석하여 주도적으로 일하는 것은 칭찬받아 마땅한 모습이기는 하다. 하지만 그런 모습이 상사와의 협업 장면에서 발휘할 때 주의를 기울여야 할 필요가 있다. 왜냐하면 상사는 자신이 갖고 있는 권한과 책임을 본인의 지위와 영향력의 상징으로 여기는 경우가 많고, 부하 구성원이 자신의 영역을 침범한다고 느끼게 되면 부정적인 감정을 갖게 될 위험이 크기 때문이다. 너무나 당연한 이야기이지만, 상사가 부하 구성원에게 부정적인 감정을 갖게되면 그 구성원에 대해 협업과 지지를 보낼 가능성은 매우 낮아진다.

너무 열심히 일을 해서 곤란한 상황을 겪게 된 한 구성원의 사례를 살펴보자.

민수는 왜 열심히 일하고 곤란해졌을까?

민수: 얘들아, 나 오늘 팀장님한테 혼났어.

지혜: 무슨 일로? 뭘 잘못했길래?

민수: 아니, 잘못한 게 아니라 너무 열심히 했다고 혼났다고 해야 할까?

현준: 너무 열심히 했는데 혼났다고? 그게 무슨 소리야?

민수: 오늘 회의 전에 내가 아이디어를 좀 더 준비했거든. 팀장님이 회의 주제를 정해주셨는데, 내가 생각하기에 그 주제랑 관련된 부분을 좀 더 논의하면 좋을 것 같아서 자료를 더 준비했지.

지혜: 좋은데? 칭찬받아야 하는 것 아냐?

민수: 그럴 줄 알았지. 그래서 회의 중에 그 자료를 띄워서 설명했더니, 팀장님이 갑자기 정색하면서 그건 다음에 이야기하자고 하시는 거야.

현준: 팀장님은 좀 불편하셨나 보네.

민수: 맞아. 내가 너무 앞서간 것 같더라고. 회의 끝나고 나서 선배가 따로 커피 한잔하자고 해서 그 상황에 대해 이야기를 들었는데….

지혜: 그 선배는 뭐라고 하셨어?

민수: 내가 의도한 건 아니었지만, 보기에 따라서 그 주제에 대해 팀장님이 넓게 고민하지 못한 사람으로 비칠 수도 있었을 것 같다고 말씀해 주시더라고. 그리고 회의 주제에 대해 사전에 팀장님과 상의하지 않고 그 자리에서 바로 이야기하는 게 팀장님 입장에서는 자기를 존중하지 않는 것으로 느낄 수도 있다고 하네.

지혜: 어떻게 보면 너도 잘못은 없는데, 팀장님이 자기 영역을 중시하는 분이구나.

현준: 역시 회사 생활은 쉽지 않다니까. 적당히 눈치도 봐야 하는 게

문제야.

민수: 맞아. 근데 이제는 어디까지 내가 나서야 할지 더 신중히 생각해 봐야겠어. 너희들도 나와 비슷한 상황이 있으면 꼭 팀장님과 먼저 상의하는 게 좋을 것 같다.

이 사례에서 민수의 팀장이 좀 더 그릇이 크고, 팀의 조직문화가 좋아 구성원들이 자신의 생각과 아이디어를 자유롭게 제안할 수 있다면 참 좋을 것이다. 하지만 우리 일터의 모습이 항상 그렇게 이상적이지만은 않다. 이러한 현실의 한계를 고려하며 상사와 팀원 간에 권한과 책임의 불일치가 생기는 원인을 좀 더 구체적으로 탐색해 보자.

원인 1. 조직문화 측면: 위계 중심의 폐쇄적 조직문화

보통 위계질서가 강하고 폐쇄적인 조직문화에서는 상사와 구성원 간 권한과 책임에 대한 인식 차이가 더 크게 나타난다. 이는 '권력 거리'라는 개념과 유사한데 권력 거리 지수가 높은 문화에서는 상사와 구성원 간의 심리적 거리감이 크고, 구성원은 상사의 지시와 통제에 순응할 것이 강조된다. 이러한 문화에서는 구성원이 자신의 R&R을 넓게 해석하며 일하는 것이 상사 입장에서는 자신의 지시와 통제를 벗어나거나, 합의되지 않은 영역을 부하 구성원이 자의적으로 해석하며 일하는 것으로 비칠 가능성이 크다.

참고로 평소 조직의 일하는 방식, 문화 등에 대해 구성원이 순응하거나 동의하는 정도가 낮으면 낮을수록 상사와 구성원 간에는 권한과 책임의 불일치가 생길 가능성이 크다는 것으로 생각해 볼 수 있다.

원인 2. 조직 시스템 측면: 조직 구조와 R&R

조직의 구조가 복잡할수록 권한과 책임의 경계가 모호해질 수 있다. 특히, 조직 내 다양한 프로젝트와 Task가 가동되면 소속 팀 상사의 지시와 프로젝트팀 이해관계자의 지시 속에서 권한과 책임의 경계가 모호해지는 상황을 쉽게 관찰할 수 있다.

각기 다른 상사의 지시로 인해 곤란함을 겪는 한 구성원의 사례를 살펴보자.

민준: 기획팀 소속으로 전사 유통채널 구조 개선 프로젝트에 참여 중
유진: 기획팀 팀장
서준: 전사 유통채널 구조 개선 프로젝트 리더

장면 1. 기획팀 회의실
(기획팀 팀장 유진은 기획팀의 우선 업무를 조정하기 위해 팀원들과 회의를 진행하고 있다.)

유진: 이번 주에 우리 기획팀은 신제품 출시 계획 수립을 최우선 과제

로 삼고 있어. 민준, 이번 계획 수립에서 주요 역할을 맡아야 하니, 다른 일은 잠시 미뤄 두고 여기에 집중해 주면 좋겠어.

민준: 알겠습니다, 팀장님. 그런데 제가 현재 유통채널 구조 개선 프로젝트에서도 중요한 역할을 맡고 있어서 그 일도 병행해야 하는데, 어떻게 하면 좋을까요?

유진: 프로젝트도 중요하지만, 지금은 우리 팀의 업무가 우선이야. 프로젝트 작업은 가능하면 다른 사람에게 넘기거나, 당분간 미뤄둘 수 있을 거야. 일단 우리 팀의 일이 우선이니까 그쪽 일은 일단 내려놔.

민준: (고개를 끄덕이며) 알겠습니다, 그렇게 하겠습니다.

장면 2. 프로젝트팀 회의실

(민준이 유통채널 구조 개선 프로젝트 회의에 참석 중이다.)

서준: 이번 주에 우리가 해내야 할 작업이 상당히 많아. 특히, 민준 네가 맡은 유통채널 분석 작업은 이번 프로젝트의 핵심이야. 이번 주까지 반드시 마무리해야 해. 이 작업이 지연되면 전체 프로젝트에 큰 영향을 미칠 수 있어.

민준: 리더님, 사실 팀장님께서 이번 주는 팀 업무에 집중하고 프로젝트 작업은 잠시 뒤로 미루라고 하셨습니다. 우선순위가 달라서 어떻게 해야 할지 고민이 되네요.

서준: (놀라며) 그럴 수는 없어. 이 프로젝트는 회사 전체에서 매우 중요한 과제야. 특히 네가 맡은 부분은 다른 과업들에 미치는 영향도 상당하고. 만약 이 작업을 네가 맡지 않으면 프로젝트 전체가 지연될 수밖에 없어.

민준: 하지만 팀장님 지시라서 따르지 않을 수가 없어요. 제가 맡은 기획팀 작업도 중요해서 이번 주에는 우선 그 일을 해야 할 것 같습니다.

서준: (심각한 표정으로) 민준, 이해는 하지만 지금 이 프로젝트에선 네가 핵심이야. 유통채널 분석이 지연되면 우리 프로젝트의 성공을 장담할 수 없어. 그렇다고 팀 업무를 무시할 수 없는 건 이해해. 우리가 팀장님과 협의해서 이 상황을 조정할 필요가 있을 것 같아.

민준: (고개를 끄덕이며) 프로젝트 작업에 집중하는 게 지금 더 필요한 일이라면 밤을 새워서라도 하겠습니다. 그런데 저희 팀장님은 팀 일에 집중하라고 하시고, 프로젝트 리더님은 프로젝트에 더 집중하라고 하시니 참 난감합니다. 제 몸이 두 개도 아니고요.

팀 소속으로 프로젝트에 차출되면 빈번하게 발생하는 사례이다. 특히, 프로젝트에 Full Time으로 차출되면 이러한 문제가 발생할 소지가 적지만, Part Time으로 차출되면 업무를 진행하는 과정에서 몇 번쯤 겪는 상황이다.

구조가 복잡할수록, R&R이 모호할수록 권한과 책임에 대한 불일치는 비례해서 커진다는 점을 기억하자.

원인 3. 전문성 측면: 상사의 전문성 부족

상사들에게는 아픈 이야기겠지만, 상사와 구성원 사이에 권한과 책임에 대한 불일치가 생기는 원인으로 빠지지 않고 언급되는 것이 바로 상사의 전문성 부재다.

경험이 아주 많은 간호사와 젊은 의사가 함께 근무하는 병동을 상상해 보자. 진료 현장에서 수없이 많은 케이스를 몸소 경험한 간호사는 이론 중심으로 공부한 의사보다 훨씬 더 직관적이고 효과적인 조치를 취할 수 있는 경우가 꽤 있다. 하지만 의료체계 내에서 의사 자격을 취득하지 않은 간호사가 의사처럼 의료행위를 할 수 없다. 그래서 젊은 의사가 어떻게 해야 하는지 망설일 때 간호사가 조언해 주는 경우가 있다. 하지만 그 조언을 들은 의사는 괜히 기분이 언짢아진다.

기업의 실무 현장에서도 유사한 상황은 많다. 실무를 담당하는 구성원이 더 높은 전문성을 갖고 있으면 전문성이 부족한 상사와 상의하기보다는 자신이 직접 판단해서 해결하려는 경향이 강해진다. 그리고 이런 상황이 반복되면 상사와 부하 구성원 간에 권한과 책임에 대한 불일치가 생길 가능성이 커지는 것이다.

원인 4. 기타: 리더십 스타일, 세대 차이, 개인의 야망

상사와 구성원 간 권한과 책임에 대한 불일치를 만들어 내는 기타 요인으로 리더의 리더십 스타일, 리더와 구성원 간 세대 차이, 개인의 야망 등을 고려해 볼 수 있다.

보통 권위적인 리더는 구성원의 권한과 책임을 엄격히 제한하려 하고, 민주적인 리더는 구성원에게 더 많은 자율성을 부여하려고 한다. 리더마다 그 스타일에 따라 생각하는 적정선이 다르니 리더가 바뛸 때마다 권한과 책임에 대한 불일치를 겪을 확률이 높다.

다음은 세대 차이다. 반드시 그러한 것은 아니지만, 젊은 세대는 주도적이고 창의적으로 일하기를 선호하는 반면, 기존 세대는 전통적인 위계 구조를 좀 더 중시하는 편이다. 다만 세대 차이는 그러한 경향성이 있다는 측면에서 이해해야 한다. 사람마다 다르기 때문이다.

마지막으로 개인의 야망이다. 실무자는 자신의 성장을 위해 더 많은 권한과 책임을 맡고자 하는 경우가 있다. 그러나 상사는 이를 자신의 영역 침범으로 받아들일 수 있다. 각자의 야망이 충돌하게 되면 권한과 책임의 불일치로 이어질 수 있다(반대의 경우도 마찬가지이다).

장면 1.
수진 팀장이 마케팅팀 회의를 주재하고 있다. 수진은 임원 승진을 앞두고 있다. 팀의 성과를 강조하며, 지훈에게 업무 지시를 내리고 있다.

수진: 지훈, 이번 캠페인은 매우 중요해. 내가 설정한 방향을 그대로 따라야 해. 예산, 메시지, 디자인 모두 내가 지시한 대로 진행해. 이 프로젝트는 실수가 없어야 해.
지훈: 팀장님, 몇 가지 새로운 아이디어가 있는데, 적용해 보면 어떨까요? 젊은 층을 타깃으로 새로운 접근을 시도해 보고 싶습니다.
수진: 아이디어는 좋지만, 지금은 안정적인 결과가 더 중요해. 네가 맡은 부분은 내가 정한 틀 안에서 진행해야 해. 이건 팀의 성과를 위해 꼭 필요한 일이고, 실험보다는 검증된 방법이 필요해.

지훈: (조심스럽게) 네, 알겠습니다.

지훈은 수진 팀장의 명확한 지시 덕분에 업무를 빠르게 진행할 수 있었지만, 자신의 생각을 발휘할 기회가 부족하다고 느꼈다. 그러나 결과적으로 프로젝트는 높은 성과를 냈고, 지훈은 좋은 평가를 받을 수 있었다.

장면 2.
30대 중반의 유나가 새로 팀장으로 부임했다. 유나는 팀원들의 의견을 경청하며, 자율성을 강조한다.

유나: 지훈, 이번 광고 캠페인에 네가 주도적으로 참여해 줬으면 해. 젊은 층을 겨냥한 아이디어가 있다면 자유롭게 시도해 봐. 너에게 많은 자율성을 부여할 거야. 결과보다 과정에서의 창의적 시도가 더 중요해.
지훈: 감사합니다, 팀장님. 하지만 제가 이끌어 가도 되는지 조금 불안하기도 하네요. 전례가 없는 방법을 시도하는 거라서요.
유나: 실패해도 괜찮아. 중요한 건 새로운 길을 개척하는 거야. 네가 생각하는 대로 프로젝트를 진행해 봐.

지훈은 유나의 리더십 아래에서 자율성을 느끼며, 자신이 원하는 방향으로 프로젝트를 진행하게 되었다. 하지만 예상치 못한 문제들이 발생하면서 캠페인은 원래 계획했던 목표를 달성하지 못하게 된다.

장면 3.

지훈은 캠페인이 기대에 미치지 못한 결과를 내면서 큰 고민에 빠진다. 그는 수진 팀장과 함께 일했던 시절과 유나 팀장과 일하고 있는 현재 상황을 비교하며 갈등한다.

지훈: (혼잣말로) 수진 팀장님 밑에서는 모든 게 명확했고 안정적이었지만, 창의적인 시도를 하기 어려웠어. 유나 팀장님은 자율성을 주셨지만, 내가 모든 걸 책임져야 하니까 부담이 커졌어. 이 둘 사이에서 어떻게 균형을 잡아야 할까?

지훈은 결국 유나에게 상담을 요청한다.

지훈: 팀장님, 이번 캠페인이 기대에 못 미친 것 같아서 죄송합니다. 자율성을 부여해 주신 건 감사하지만, 한편으론 모든 책임을 혼자 지는 게 힘들기도 했어요. 어느 정도의 방향성과 가이드를 주셨다면 더 좋은 결과를 낼 수 있었을 것 같습니다.

유나: (고개를 끄덕이며) 네가 느끼는 부담을 이해해. 나도 자율성을 강조하면서도 방향성을 충분히 제시하지 않았던 것 같아. 나도 앞으로 수진 팀장님이 하셨던 것처럼 명확한 가이드를 주는 쪽을 강화해 보도록 할게.

신뢰의 불일치

마지막으로 신뢰의 불일치다. 구성원이 자신에 대해 최소한의 인간적 예의를 지키는지, 인간적으로 믿을 만한지, 업무 수행 과정과 결과를 투명하게 공유하는지 등과 같이 복합적인 요인을 통해 결정된다. 이를 이해하기 쉽게 정리해 보면 크게 감정적 측면과 인지적 측면으로 구분해 볼 수 있다.

감정적 신뢰

감정적 신뢰는 상사와 구성원이 상대방에 대해 인격이나 성품, 인간성 등에 대해 신뢰를 갖는 것을 의미한다. 즉 업무 외적인 부분까지 포함하고 인간적 유대감을 기반으로 형성된다. 보통 감정적 신뢰는 상호 간의 존중이나 배려, 이해의 과정을 통해 쌓으며 서로 간의 인간적 관계가 깊어질수록 강화된다.

감정적 신뢰 불일치 ① 개인적 존중과 배려의 차이

한국 사회에서 상사는 구성원보다 연배가 높은 것이 일반적이다. 유교 문화의 특성상 윗사람들이 아래 사람들에게 인간적 예의를 기대한다는 의미이다. 일상생활에서 예의 바른 태도가 그 기반이 되는데, 구성원이 그런 부분을 크게 중요하게 생각하지 않으면 감정적 신뢰에 금이 가게 된다. 즉 상사는 구성원이 자신을 윗사람으로 존중하지 않는다고 느끼고 감정적 신뢰를 갖지 않는다.

감정적 신뢰 불일치 ② 소통의 빈도와 범위

"상사(리더)들은 외롭다."

상사는 구성원들과 일상적인 대화 등을 통해 친밀한 관계를 유지하는 것을 기대할 수 있다(사람마다 차이는 있다). 그러나 구성원이 오직 업무 중심적으로만 소통한다면 상대방 입장에서는 감정적으로 소외감을 느낄 수 있다. 요즘은 문화 특성상 업무 외적인 이야기에 대해 궁금해하거나 소통하는 것 자체를 불쾌하게 여기는 경우가 많다. 하지만 감정적 신뢰 측면에서는 상대방(상사)과 소통의 빈도와 범위에 대해 한 번쯤 고려해 볼 필요가 있다.

감정적 신뢰 불일치 ③ 위기 상황에서의 대응 모습

여러분이 정말 어려운 상황에 처하게 되면 가장 먼저 누구를 찾는지 고민해 보자. 아마도 부모님, 친한 친구 등 평소 믿고 의지하는 사람을 떠올릴 수 있을 것이다. 일터에서도 마찬가지다. 곤란한 상황이 벌어졌을 때 후배가 자신을 찾아와 도움을 요청하는지 여부는 그 후배 구성원이 자신을 얼마나 신뢰하는지를 느끼게 해 주는 신호 중 하나이다. 난감하고 어려운 일이 발생했는데도 불구하고 그 상황에 대해 공유나 도움을 요청하지 않는 모습은 상사인 자신을 신뢰하지 않는다고 느끼기 좋은 모습이다.

인지적 신뢰

인지적 신뢰는 구성원이 갖고 있는 능력, 전문성 등에 대한 신뢰를 의미한다. 주로 업무 과정에서 보이는 문제해결 능력, 성과 수준 등을 통해 인지적 신뢰는 형성된다.

인지적 신뢰 불일치 ① 성과와 능력에 대한 기대 차이

업무 수행 과정에서 구성원이 자신의 기대에 미치지 못하는 결과를 만들어 내면 상사는 그 구성원의 전문성에 대해 의문을 가진다. 그리고 그 과정이 지속되면 상사는 그 구성원에 대해 인지적 신뢰를 갖지 못하게 된다. 예를 들어, 상사는 문제를 빠르게 파악하고 핵심 원인 중심으로 적절한 해결책을 담아 보고하기를 기대한다고 가정해 보자. 그러나 구성원이 문제의 핵심 원인을 잘못 파악하거나 해결책 없이 문제 상황만 나열하여 보고한다면 상사는 그 구성원의 능력에 대해 신뢰를 갖기 어려워질 것이다. 결국 일터에서는 자신이 맡은 일을 얼마나 효과적으로 수행할 수 있는지 여부가 상사와 신뢰를 형성하는 데 있어 중요한 요인이 될 수밖에 없다.

인지적 신뢰 불일치 ② 전문성에 대한 과소, 과대평가

상사가 구성원의 전문성을 과소평가하거나 과대평가하는 경우 모두 인지적 신뢰에 부정적 영향을 미친다. 예를 들어 상사가 구성원을 어떤 특정 분야의 전문가로 인식하고 있는데, 그 구성원이 해당 분야에서 충분한 전문성이 없다면 기대와 현실의 차이로 신뢰가 손상될 수 있다. 반대의 경우로 상사는 그 구성원이 어떤 분야에 대한 경험이나 지식이 없다고 판단했는데 알고 봤더니 가장 높은 경험과 전문성을 갖고 있다고 생각해 보자. 얼핏 좋다고 생각할 수 있겠지만, 신뢰 측면에서는 잘할 수 있는데도 불구하고 소통하지 않았다는 것으로 오해받을 가능성도 크다. 따라서 자신이 가진 업무 능력이나 경험을 지나치게 과대 포장하거나 축소하는 것 모두 인지적 신뢰 형성에 좋지 않다. 상사가 최대한 자신에 대해 투명하게 인식할 수 있도록 하는 것이 인지적 신뢰 형성의 조건 중 하나임을 기억하자.

지금까지 살펴본 상사와의 기대 불일치로 인해 발생하는 문제의 원인을 바탕으로 상사와 효과적으로 협업할 수 있는 방법에 대해 살펴보자.

13

협업의 고수는 상사와 협업할 때 균형을 관리한다

상사와 협업을 효과적으로 끌어내는 사람의 대표 특징을 한 가지만 꼽는다면 그것은 바로 '균형'이다. 앞서 상사와 협업 시 겪을 수 있는 문제의 원인을 기대, 권한과 책임, 신뢰의 불일치로 살펴보았는데 바로 그 '불일치'를 '균형'의 상태로 관리한다는 의미이다.

기대에 대한 균형

어느 마을에 넓은 땅을 가진 농부가 있었다. 그는 마을에서 가장 경험이 많고 존경받는 사람이었고, 매년 최고의 수확을 거두었다. 그러던 어느 날, 젊은 농사꾼이 그의 밑에서 일을 배우고 싶다고 찾아

왔고, 농부 밑에서 일할 수 있게 되었다.

그는 첫날 아침 일찍 논으로 나가기 전에 농부를 찾아갔다.

"농부님, 제가 해야 할 일을 명확히 알고 싶습니다. 제가 당신의 논에서 일을 할 때 저에게 기대하는 바가 무엇인지, 그리고 일을 할 때 주의하거나 고려해야 하는 것이 있다면 알려주십시오."

"내가 기대하는 것은 아주 간단하다. 첫째, 매일 아침 가장 먼저 일어나 밭을 점검한 후 해가 뜨기 전에 물을 주는 것이다. 둘째, 잡초를 뽑아내고 병충해가 없는지 항상 주의 깊게 살펴보는 것이다. 셋째, 농작물 중 잎의 색깔이 변하는 논이 있으면 바로 알려 주는 것이다."

젊은 농사꾼은 농부가 알려 준 사항을 몇 년 동안 지키며 열심히 일을 배웠다. 그러다 어느 해에 극심한 가뭄과 태풍이 번갈아 가며 와 농사를 망칠 상황에 처하게 되었다. 그런데 그 해 농부는 날씨의 변화가 극심해 수확이 좋지 않을 것임을 알면서도 젊은 농사꾼에게 특별한 지시를 하지 않았다. 답답한 젊은 농사꾼은 가뭄이 심한 날은 혼자서 넓은 땅에 물을 나르기도 하고, 홍수가 심한 날은 물이 너무 고이지 않게 물을 빼느라 고생이었다.

그렇게 녹초가 되어 돌아오는 날이 반복되었고, 화가 난 젊은 농사꾼은 농부에게 찾아가 가뭄과 태풍을 이겨내기 위해서 무엇이라도 해야 하지 않겠냐고 말했다.

그 말을 들은 농부는 빙그레 웃으며 "올해는 그냥 망치게 두거라. 몇 년에 한 번씩 쉬어 가야 땅의 영양분들이 회복하고 더 비옥한 토지가 된다. 이제 농사일을 좀 알게 됐다고 생각했느냐? 처음 왔을 때처럼 내가 왜 그러는지 그동안 단 한 번도 묻지 않더니 이제야 묻는구나."

젊은 농사꾼은 그제야 자신이 농부에게 농사일을 제대로 배워 보려고 여기에서 일하고 있음을 깨달았다.

농부의 이야기처럼 업무에서도 기대를 명확히 하고 꾸준히 소통하는 것이 중요하다. 이를 실무에서 어떻게 적용할 수 있을지 살펴보자.

앞서 상사와의 협업이 원활하게 이루어지지 못하는 원인으로 반복적으로 언급된 내용을 떠올려 보자. 아마도 가장 많이 언급된 내용을 꼽는다면 바로 '소통의 빈도와 범위'에 대한 내용일 것이다.

어떤 일에 대한 최종적인 결과물을 파악하는 데만 그칠 것이 아니라 일을 수행하는 절차나 방식 등을 폭넓게 확인하며 상사가 무엇을 주요하게 고려하는지 파악하며 기대의 균형을 관리해야 한다. 그리고 이는 정기적인 미팅, 기대에 대한 사전 파악, 문서화의 세 가지 활동을 통해 좀 더 효과적으로 관리해 나갈 수 있다.

실무 Tip 1. 정기적인 체크인 미팅

어도비Adobe에서는 매니저와 구성원이 지속적인 대화를 통해 목표를 설정하고 진행 상황을 점검하며 필요한 조정을 즉각적으로 실시하는 수시 코칭/피드백 제도를 운영하고 있는데, 바로 체크인Check-in

이라는 세도나. 어도비는 이 제도를 운영하면서 제도 도입 전 대비 자발적 퇴직률이 30% 이상 감소했고, 리더들이 구성원들에 대한 성과관리에 할애하던 시간이 10만 시간 이상 절약되었다. 어도비는 체크인 도입을 통해 조직의 팀워크와 협업이 촉진되었다고 강조한다.

이 제도가 성공하게 된 데에는 여러 가지 요인이 있겠지만, 그 핵심은 정기적인 체크인 미팅을 통해 서로 간의 기대를 확인하고 조정하는 과정이 충실하게 이루어졌기 때문일 것이다. 이를 상사와의 기대 관리에 접목해 보는 것을 추천한다.

여러분도 진행 중인 업무에 대해 정기적으로 상사의 기대 사항을 확인하고, 진행 현황과 이슈를 공유하는 활동을 통해 일에 대해 상사와 나 사이에 균형점을 효과적으로 관리할 수 있지 않을까?

실무 Tip 2. 시작하기 전에 목표를 명확하게 설정, 합의

새로운 프로젝트나 업무를 시작하기 전에 상사와 명확한 목표를 설정하고 합의하는 것이다. 이 업무에서 기대하는 결과물, 진행 방법은 기본이고 중간보고의 절차나 빈도까지 합의하는 것을 고려해 볼 수 있다. 만들어 내야 하는 최종 결과물과 그 결과물을 만들어 내는 과정에 대해 서로가 갖고 있는 기대를 미리 합의함으로써 서로 간의 불필요한 갈등이나 오해의 소지도 예방할 수 있다는 장점이 있으니 적극적으로 활용해 보는 것을 추천한다.

실무 Tip 3. 문서화

상사와 업무 목표나 수행 방식, 중간보고 절차 및 빈도 등을 합의했다면 이를 문서화하는 것이 중요하다. 상사와 논의한 내용에 대해 본인이 이해한 바를 메모나 회의록, 이메일 등의 형태로 한 번 더 정리하여 소통함으로써 상사도 자신이 기대했던 사항에 대해 명확하게 재인식할 수 있고, 후에 불일치가 발생하더라도 이 문서가 서로 간의 오해를 줄이는 데 매우 효과적으로 작동하기 때문이다.

제목: ○○ 프로젝트 진행 시 주요 고려 사항

안녕하세요, 팀장님
프로젝트가 명확한 방향으로 진행될 수 있도록, 팀장님과 논의한 내용을 아래와 같이 정리했습니다.
혹시 추가 의견이나 수정 사항이 있으시면 말씀해 주시면 감사하겠습니다.

1. 프로젝트 목표
(1) 주요 목표: [프로젝트의 주요 목표를 간결하게 기술]
예: 고객 만족도 10% 향상, 웹사이트 리뉴얼, 새로운 마케팅 전략 도입 등
(2) 성과 지표: [측정 가능한 성과 지표]
예: NPS 10포인트 상승, 방문자 수 20% 증가 등

2. 진행 방식 및 역할 분담

(1) 나의 이름: [맡은 역할]

예: 고객 분석 리포트 작성, 마케팅 전략 수립 등

(2) 구성원 이름: [맡은 역할]

예: 디자인 개선, 콘텐츠 개발 등

3. 중간보고 일정

(1) 1차 보고: [날짜] - 진행 상황 및 초기 결과물 공유

(2) 2차 보고: [날짜] - 추가 진행 상황 및 수정 사항 논의

(3) 최종 보고: [날짜] - 프로젝트 결과물 제출 및 피드백

4. 프로젝트에 대한 주요 기대 사항

- 상사가 특히 강조했던 부분

예: 팀장님께서 특히 강조하셨던 고객 피드백의 정확성과 예산 준수 부분에 중점을 두겠습니다.

위 내용이 팀장님께서 기대하시는 방향과 일치하는지 확인 부탁드립니다. 추가로 논의하거나 수정이 필요한 사항이 있으면 언제든지 알려주십시오.

이 내용을 바탕으로 프로젝트를 진행하며 소통하도록 하겠습니다.

감사합니다.

기대에 대한 불일치를 균형 있게 관리할 수 있는 구체적인 방법들을 확인해 보았다. 이러한 방법은 이해에 그치지 않고 실천할 때 비로소 그 효과를 볼 수 있다는 점을 잊지 말고 다음 질문을 스스로에게 던져 보기 바란다.

"여러분은 상사와의 기대를 어떻게 관리하고 있습니까? 그리고 앞으로 어떤 방식으로 기대를 관리해 나가야겠다고 생각하셨습니까?"

권한과 책임에 대한 균형

보통 임파워먼트^{Empowerment}와 위임^{Delegation}의 개념을 구분해서 설명할 때 권한과 책임 두 가지 요소를 활용하여 그 개념의 차이를 구분한다. 권한과 책임 모두를 구성원에게 부여하는 것은 위임에 해당하고, 책임은 상사가 지되 업무 수행 과정에서의 권한을 구성원에게 부여하는 것은 임파워먼트에 해당한다.

위임이든 임파워먼트이든 두 가지 모두 상사가 자신이 가진 힘^{Power}을 구성원에게 줘야만 성립된다. 따라서 권한과 책임에 대한 균형을 관리한다는 것은 상사에게 그 중심을 맞춰서 접근해야 한다. 앞서 권한과 책임에 대한 불일치를 야기하는 요소로 위계적 조직문화, R&R, 전문성, 리더십 스타일 등으로 살펴보았다.

그럼 각 요소별로 어떤 접근을 통해 권한과 책임에 대한 균형을 추구할 수 있을지 살펴보자.

접근 방향 1. 위계적 조직문화

앞에서도 언급했지만, 위계적 조직문화는 권한과 책임에 대한 불일치를 야기하는 대표적 요소라고 할 수 있다. 위계적 조직문화에서 상사와 권한과 책임에 대한 균형을 추구하기 위해서는 어떤 전략적 활동이 필요할까?

우선 너무나 기본적이고 당연한 이야기지만 가장 중요한 것은 권한과 책임 범위를 명확화하는 것이다. 권한과 책임 범위를 명확화하는 가장 중요한 목적은 상사가 생각하는 실무자의 권한과 책임 범위를 넘지 않기 위해서다. 즉 적절한 선을 긋는 행위라고 볼 수 있다.

특히, 위계 중심의 조직문화에서는 보수적으로 접근하는 것이 낫다. 내 권한과 책임 내에 있는 일이라도 어떤 것을 결정하거나 실행할 때 Small Talk과 같은 소통 형식을 통해 상사에게 재확인받는 것을 추천한다. 또한, 만약 업무 수행 과정에서 문제가 발생하게 되면 조용히 스스로 해결하려 하기보다는 즉각적으로 상사에게 보고하고 상의하는 의도적 행위도 권한과 책임에 대한 균형을 유지하는 데 효과적이다.

왜냐하면 이러한 소통 행위가 부하 구성원 입장에서는 귀찮은 일로 받아들여지겠지만, 위계 중심의 조직문화를 가진 상사에게는 자신의 지휘통제 범위 내에서 업무가 이루어지고 있다는 것을 확인하는 절차로 여겨지기 때문이다. 그리고 자신의 범위 내에 있다고 확신하는 일에 대해서는 그렇지 않은 일보다 훨씬 더 협력적으로 지원해 주는 것이 일반적이다.

접근 방향 2. R&R

상사와 권한과 책임에 대한 균형을 유지하기 위한 R&R 측면의 접근을 살펴보자. 가장 먼저 추천하고 싶은 방법은 내가 맡고 있는 R&R을 상사가 인식할 수 있게 하는 것이다. 여러 가지 방법이 있겠지만, 대표적인 것 중 하나가 바로 R&R을 문서화하는 것이다. 좀 더 나아가면 문서화한 R&R, 즉 업무 분장표를 출력하여 부착하거나 자신의 역할에 형광펜 등을 이용해 강조하는 것도 방법 중 하나가 될 수 있다. 이를 통해 자신의 R&R에 대해 스스로도 민감도를 갖고 있다는 것을 드러낼 수 있기 때문이다. 실무자 입장에서 고려해 볼 만한 전술적 행위이고, 꼭 이와 같은 의도는 아니겠지만 일터에서 많은 직장인이 이러한 행동을 하고 있다는 것을 참고해 보기 바란다.

다른 한편으로 조직 구조나 복잡한 R&R로 인해 갈등이 생기는 경우에 대한 대응이다. 갈등이 발생한 경우에는 관련된 부서나 구성원과 최대한 사전에 자체적으로 조율하는 과정을 먼저 거치는 것을 추천한다. 발생한 문제를 스스로 해결하기 위해 노력한 과정이나 결과를 바탕으로 상사와 소통할 때 훨씬 더 효과적인 논의가 이루어질 수 있기 때문이다. 특히, 실무자 입장에서 갈등 상황을 최대한 해결해 보려고 노력한 과정을 거친 내용은 상대적으로 깊이가 있기 때문에 상사 입장에서 현재 자신의 구성원에게 부여하고 있는 R&R이 적절한지를 고려할 수 있다는 장점도 있다.

마케팅팀의 서현 대리는 최근 새로운 프로젝트에 참여하게 되었다. 이 프로젝트는 다양한 부서에서 참여하는 구조를 가지고 있었다. 서현 대리는 이 프로젝트에서 자신의 R&R에 대해 명확히 하고자 노력하고 있지만, 다른 부서와의 협업 과정에서 혼란이 지속적으로 발생하고 있다.

서현: (컴퓨터 앞에서 혼잣말) 이거 참…. 내 역할이 어디까지인지 확실히 정리해 둬야겠어. 이러다가는 서로 간에 혼선이 계속 더 생기겠는걸.

서현은 곧바로 자신의 R&R 문서를 꺼내어 읽고, 중요한 부분에 형광 펜으로 표시하며 자신이 맡은 역할을 명확히 했다. 그리고 R&R 문서를 출력해 책상 옆 벽에 붙이며 다시 한번 내용을 확인했다.

다음 날, 회의실에서 프로젝트팀 회의가 열리고 있다.

프로젝트 리더: 서현 대리님, 이번 주에는 저희 쪽에서도 고객 설문 조사를 같이 진행하는 게 좋을 것 같아요. 저희 프로젝트팀에서 주도할 테니, 서현 대리님께서 마케팅팀에 지원 역할을 소통해 주시면 좋겠습니다.

서현: (조심스럽게) 네, 그렇게 할 수는 있지만 설문 조사는 마케팅팀의 주요 역할로 되어 있습니다. 마케팅팀에 지원 역할을 요청하기보다는 마케팅팀에서 설문 기획을 주도하고, 프로젝트팀에서 결과 분석을 맡는 것이 좋을 것 같은데요.

프로젝트 리더: (잠시 생각하며) 아, 그렇군요. 그런데 이번에는 좀 더 효과적으로 진행하기 위해 저희가 주도하는 게 더 낫지 않을까요?

서현: (확신 있게) 마케팅팀이 이 분야에서 상당한 경험을 갖고 있어요. 제가 저희 팀장님께 제가 맡아서 설문 조사를 기획하고, 프로젝트팀이 분석에 집중하는 것으로 역할을 명확하게 구분하자고 말씀드리면 어떨까요?

프로젝트 리더: 알겠습니다, 서현 대리님. 그럼 설문 조사 기획은 서현 대리님이 마케팅팀과 소통하며 주도적으로 맡아 주시고, 나머지 분들은 분석 단계부터 함께하는 것으로 역할을 분장하면 좋겠습니다.

회의가 끝난 후, 서현은 박 팀장에게 다가간다.

서현: 팀장님, 아까 회의에서 논의된 사항에 대해 잠시 말씀드릴 게 있습니다. 프로젝트 리더님과 조율했는데, 저희 팀에서 설문 조사 기획을 주도하고, 프로젝트팀은 분석을 맡기로 했습니다.

박 팀장: (고개를 끄덕이며) 고마워요, 서현 대리. 그렇지 않아도 프로젝트팀과 번번히 업무 R&R 문제로 부딪히고 있어 마음이 썩 좋지 않았는데 팀의 고유한 역할 부분을 잘 소통해 주었네요. 프로젝트 리더께서도 잘 이해해 주었다니 다행이네요. 앞으로도 이런 식으로 문제를 미리 조율하고 보고해 주면 좋겠습니다.

> **서현:** 네, 팀장님. 앞으로도 프로젝트 진행 과정에서 발생하는 이슈나 갈등은 미리 조율하고, 그 과정과 결과를 팀장님께 공유하겠습니다.
>
> **박 팀장:** 그렇게 해요. 우리 팀이 맡은 역할을 잘 수행하는 것도 중요하지만, 협업 과정에서 다른 팀과의 책임과 권한의 불일치가 생기지 않도록 주의하는 게 더 중요하죠. 앞으로도 잘 부탁합니다.
>
> **서현:** 네, 최선을 다하겠습니다!

접근 방향 3. 전문성

상사의 전문성이 상대적으로 부족한 경우에도 권한과 책임의 불일치를 야기할 수 있다는 점을 앞서 살펴보았다. 이런 상황에서 구성원은 주눅 들지 말고, 자신의 전문성을 지속적으로 향상하는 것이 필요하다. 자신이 지니고 있는 높은 전문성이 상사에 대한 공격, 위협 등으로 여겨지지 않게 관리한다면, 자신이 가진 높은 전문성으로 자연스럽게 더 많은 권한과 책임이 부여될 것이기 때문이다. 따라서 내가 가진 전문성을 지속적으로 개발하되, 내가 가진 전문성을 상사가 자신에 대한 위협으로 오해하지 않는 선에서 적극적으로 공유하고 활용하는 것이 중요하다. 그리고 그 과정에서 책임감 있는 태도로 자신의 전문성을 바르게 활용하는 모습을 보이면, 대부분의 상사는 구성원이 자신이 맡은 업무에 대한 높은 책임감에 기반하여 전문성을 발휘하는 것으로 긍정적 인식을 형성하게 된다.

다음 사례를 통해 구체적인 모습을 살펴보자.

새로 들어온 팀장인 김 팀장은 제품 개발에 대한 경험이 상대적으로 적다. 팀의 핵심 멤버인 유진은 10년 넘게 해당 분야에서 일하며 높은 전문성을 쌓아 왔고, 팀 내에서 신망이 두터운 인물이다.

김 팀장: (회의를 마무리하며) 이번 제품 개발에 대한 큰 방향성은 이 정도로 정리할 수 있겠네요. 다들 여기서 제시된 방법대로 진행해 주시고, 다음 주에 다시 모여서 진행 상황을 공유하겠습니다.

유진: (조심스럽게) 팀장님, 혹시 제가 제안 하나 드려도 될까요?

김 팀장: 물론이죠, 유진 님. 의견 주시는 거 항상 환영합니다.

유진: 제가 지금까지 해 온 경험으로 볼 때 제시된 방법도 좋지만, 이번 프로젝트의 특성상 조금 더 효율적으로 접근할 수 있는 방법이 있을 것 같아서요. 지난번 유사 프로젝트 때 적용했던 방법인데, 효과가 꽤 좋았습니다. 제가 자료를 준비해 둔 게 있는데, 보여 드려도 될까요?

김 팀장: (잠시 당황하며) 아, 그건 잘 알겠습니다. 하지만 제가 제시한 방법도 여러모로 검토한 결과라서요. 이번에는 일단 제가 제안한 방식으로 진행해 보는 게 어떨까요?

유진: 네. 알겠습니다, 팀장님. 그러면 이번에 팀장님 방식으로 진행하면서 혹시 필요하다면 제가 제안한 자료도 추가적으로 활용할 수 있도록 준비해 두겠습니다. 언제든지 필요하시다면 말씀해 주세요.

김 팀장: (고개를 끄덕이며) 유진 님이 그렇게 준비해 주신다면 든든하네요. 그렇게 해 주세요.

며칠 후, 회의실 밖 복도

유진: (동료인 민수와 대화를 나누며) 민수 님, 팀장님이 제 제안을 받아들이지 않으신 거 이해는 하는데, 솔직히 조금 아쉬워요. 그동안 쌓아 온 경험이 있는데, 이걸 잘 활용할 수 없으니까요.

민수: 유진 님, 저도 알아요. 그 경험이 정말 큰 자산이잖아요. 하지만 팀장님도 아직 이 팀에 적응하는 단계니까, 우리 입장에서 너무 밀어붙이면 오히려 불편해하실 수도 있을 것 같아요. 천천히 설득하는 게 어떨까요?

유진: 맞아요. 그래서 일단 제가 준비한 자료는 따로 두고, 팀장님 방식대로 진행하면서 기회가 되면 조금씩 제 방법도 제안해 보려고요.

다음 주 회의실

김 팀장: (회의를 열며) 유진 님, 저번에 말씀하신 내용 다시 생각해 보니, 우리가 더 효율적으로 진행할 수 있는 방법 같더라고요. 그 자료 준비해 두셨다고 하셨죠? 이번에 좀 더 자세히 설명해 주실 수 있을까요?

유진: (기쁘게) 네, 팀장님. 바로 준비했습니다. 자료를 보시면 아시겠지만, 이 방법을 사용하면 시간과 비용을 절약할 수 있을 것입니다. 그리고 제가 이 방법을 사용할 때 경험한 몇 가지 사례도 같이 설명해 드릴게요.

김 팀장: (자료를 보며) 정말 인상적이네요. 왜 이걸 처음에 못 봤을까 싶네요. 유진 님, 앞으로도 이런 좋은 아이디어 있으면 꼭 공유해 주세요. 덕분에 많은 도움이 될 것 같습니다.

유진: (미소 지으며) 감사합니다, 팀장님. 앞으로도 제가 가진 경험과 전문성을 팀장님과 공유할 수 있게 노력하겠습니다. 그리고 혹시라도 제

가 너무 앞서 나가는 부분이 있으면 언제든지 말씀해 주세요.

김 팀장: (웃으며) 그럴 일은 없을 것 같아요. 유진 님 덕분에 팀이 더 발전할 것 같습니다. 앞으로도 잘 부탁드려요.

상사의 부족한 전문성이 느껴진다면, 실무자로서 그 차이를 부각하기보다는 상사의 리더십을 존중하며 협력하는 방안을 고민해 보는 것은 어떨까? 상사가 심리적 안전감을 느낄 수 있도록 적절한 시점에 자신의 전문성을 자연스럽게 드러내는 것이 중요하다.

협업은 신뢰를 기반으로 이루어지며, 그 차이를 좁히는 데는 어느 정도의 시간이 필요하다. 시간이 지나면서 상사의 지지 속에서 자신의 전문성을 발휘할 수 있는 기회가 올 것이다. 상사의 리더십을 존중하며 상호 보완적인 협업 관계를 구축하는 것이 핵심임을 고려하며 리더십 스타일에 대한 대응 방향을 살펴보자.

접근 방향 4. 리더십 스타일

상사마다 리더십 스타일이 다르다는 점을 인정할 수 있어야 한다. 그 인정 속에서 각 스타일 특성상 어떤 방향으로 접근하는 것이 상사와의 권한과 책임에 대한 균형을 달성하는 데 더 효과적일 것인지 고민하는 것에 초점을 두어야 한다.

예를 들면, 권위적인 리더십 스타일의 상사와는 책임 범위를 명확화하여 지침을 정확히 따르는 것이 요구된다면, 민주적 리더십 스타일의 상사와는 자신의 의견을 적극적으로 제시한다. 그리고 적절한 책임 분담을 제안하며 팀 전체의 참여를 유도하는 전략적 접근이 더 효과적이다.

[표 9]는 보편적으로 리더십 스타일을 나누는 기준에 따라 상사와 권한과 책임의 균형을 추구할 수 있는 전략적 방법과 행동을 정리한 내용이니 참고해 보기 바란다.

상사와 권한과 책임 간 균형을 관리하고 유지할 수 있는 방법을 살펴보았다. 요약해 보면 내가 맡은 영역에 대한 권한과 책임을 명확히 이해하고, 상사의 특성에 맞춰 전략적으로 권한과 책임을 긴밀하게 조정해 나가는 과정이라고 볼 수 있다.

그리고 이러한 과정을 수행할 수 있는 능력은 개인의 성장을 끌어내는 중요한 열쇠이다. 이제 상사편의 마지막 내용인 신뢰의 균형에 대해 살펴보자.

Working together works well, with PlanB

플랜비디자인은 조직개발 및 인적자원개발 컨설팅을 제공할 뿐 아니라, **HR전문 도서를 출판하고 있습니다.**
개인과 조직이 함께 성장하고 더불어 살아갈 수 있는 조직을 디자인합니다. 모든 고객이 플랜비와 함께하는
과정에서 성장을 경험할 수 있도록 돕습니다.
조직의 문제는 언제나 급하고 복잡해 보입니다. 우리는 단순히 현상을 수습하기에 앞서 유기적인
시스템 안에서의 근원적인 문제가 무엇인지 치열하게 고민합니다. 당장의 급한 일들로 인해 놓쳐버린
진짜 문제를 찾고 지속 가능한 변화를 디자인합니다.

1. 컨설팅

플랜비디자인의 일은 고객과 고객사의 임직원의 입장을 깊게 공감하는 것에서부터 시작합니다. 진정으로
개인과 조직을 성장시키기 위해 꼭 필요한 질문을 시작으로 각 고객사의 조직 경험을 디자인합니다.

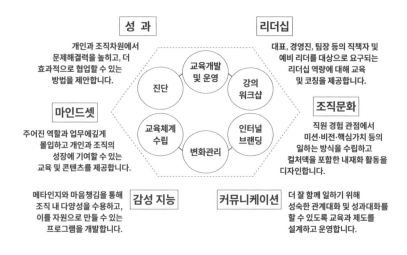

성 과
개인과 조직차원에서
문제해결력을 높이고, 더
효과적으로 협업할 수 있는
방법을 제안합니다.

리더십
대표, 경영진, 팀장 등의 직책자 및
예비 리더를 대상으로 요구되는
리더십 역량에 대해 교육
및 코칭을 제공합니다.

마인드셋
주어진 역할과 업무에깊게
몰입하고 개인과 조직의
성장에 기여할 수 있는
교육 및 콘텐츠를 제공합니다.

조직문화
직원 경험 관점에서
미션·비전·핵심가치 등의
일하는 방식을 수립하고
컬처덱을 포함한 내재화 활동을
디자인합니다.

교육개발
및 운영
진단
강의
워크샵
교육체계
수립
인터널
브랜딩
변화관리

메타인지와 마음챙김을 통해
조직 내 다양성을 수용하고,
이를 자원으로 만들 수 있는
프로그램을 개발합니다.

감성 지능

커뮤니케이션 더 잘 함께 일하기 위해
성숙한 관계대화 및 성과대화를
할 수 있도록 교육과 제도를
설계하고 운영합니다.

2. HR 전문 도서 출판

다수의 HR전문가들과 함께 협업하며, 새로운 인사이트를 발굴하고, 출판합니다.
조직에서 도서를 더 잘 활용할 수 있게끔 다양한 활동을 지원합니다.

저자 및 도서를 연계한 특강 및 워크샵	조직의 학습문화를 위한 독서모임 퍼실리테이션
사내 도서관 큐레이션	'나인팀'을 통한 HRD(er)의 도서 공동 집필 프로젝트

[표 9] 리더십 스타일에 따른 상사와의 권한과 책임 균형 추구 방법

권위적 **(Directive)**	**<특징>** 명확한 지시를 내리고, 결정을 독자적으로 내리는 경향이 강함 **<권한과 책임의 균형을 위한 실무자의 전략적 방법>** **명확한 지침 따르기:** 상사의 지시를 정확히 이해하고, 명확한 지침을 따르는 것이 중요함 **책임 범위 명확화:** 자신의 책임 범위를 명확히 하고, 권한이 부족한 부분에 대해서는 상사와 협의 **<구체적 활동>** - 상사의 지시를 꼼꼼히 메모하고, 이해되지 않는 부분은 즉시 질문 - 상사가 제시한 목표와 기준에 충실히 따르며, 진행 상황을 정기적으로 보고 - 업무 시작 전에 책임 범위와 목표를 상사와 명확히 조율 - 예상되는 이슈를 미리 상사에게 공유하여, 해결책을 논의
민주적 **(Democratic)**	**<특징>** 의사결정 과정에 구성원들을 참여시키고, 의견을 존중하는 경향이 강함 **<권한과 책임의 균형을 위한 실무자의 전략적 방법>** **의견 적극 제시:** 자신의 의견을 자유롭게 제시하고, 의사결정 과정에 적극적으로 참여 **책임 분담 제안:** 책임을 공유할 수 있는 방안을 제안하여, 팀 전체의 참여를 유도 **<구체적 활동>** - 회의에서 자신의 의견을 적극적으로 공유하고, 논의 주도 - 상사와 다양한 소통 채널을 활용하여 의견 교환 - 업무의 책임을 분담하여 제안하고, 팀원 간 협력을 조율 - 공동 책임을 지는 방안을 제안하여 상사의 부담 경감
지원적 **(Supportive)**	**<특징>** 팀원의 복지와 만족도를 중요시하는 경향이 강함 **<권한과 책임의 균형을 위한 실무자의 전략적 방법>** **지원 요청:** 필요할 때 상사의 도움을 적극 요청하고, 지원을 최대한 활용 **책임 경감 논의:** 업무 부담이 클 경우, 상사와 책임 분배를 논의하며 업무에 대한 책임을 재분배 받음 **<구체적 활동>** - 업무에 필요한 자원이나 도구를 상사에게 요청 - 상사에게 멘토링이나 코칭을 요청하여 자신의 역량을 강화 - 업무가 과중될 때 상사와 협의하여 우선순위를 조정 - 상사에게 업무 진행 상황을 공유하고, 필요 시 지원 요청
참여적 **(Participative)**	**<특징>** 팀원들에게 자율성을 부여하고, 의사결정에 참여하도록 격려하는 경향이 강함 **<권한과 책임의 균형을 위한 실무자의 전략적 방법>** **자율성 최대화:** 주어진 자율성을 최대한 활용하여, 자신의 권한을 확장 **책임과 권한의 조율:** 자율성을 활용하되, 필요한 경우 상사와 권한과 책임을 조율 **<구체적 활동>** - 주도적으로 업무를 추진 - 상사와의 정기적인 협의를 통해 업무 진행 상황을 공유 - 업무 범위를 초과할 때는 상사와 협의하여 조정 - 자율성 속에서 발생하는 문제를 상사와 함께 해결

신뢰에 대한 균형

통합적 신뢰 모델Integrative Model of Organizational Trust, Roger C. Mayer에서는 신뢰를 '신뢰를 받는 상대방(신뢰 대상)이 어떤 특정 상황에서 바람직한 행동을 할 것이라고 기대하는 의지'라고 정의하고 있다. 이는 상대방이 어떤 행동을 할지 확실하게 알지는 못하지만, 그 행동이 자신에게 긍정적인 영향을 미칠 것이라는 기대를 가진 상태를 의미한다.

이 모델에서는 신뢰를 형성하는 세 가지 요인으로 Ability(능력), Benevolence(호의), Integrity(진정성)를 언급하고 있는데 각 요소에 대해 먼저 살펴보자.

Ability(능력)

능력은 상대방이 특정 영역에서 갖고 있는 지식, 기술 등을 의미한다. 보통 얼마나 자신의 역할을 효과적이고 능숙하게 수행하는지 여부로 능력에 대해 판단을 내리게 된다. 앞서 살펴본 인지적 신뢰 중 능력에 대한 과소·과대평가가 이와 관련된다. 즉 신뢰에 대한 균형을 확보한다는 것은 맡은 역할을 충실하게 수행해 낼 수 있는 실질적인 능력을 보유함으로써 가능하다는 의미로 생각해 볼 수 있다.

Benevolence(호의)

신뢰 형성의 두 번째 요소인 호의는 상대방의 이익을 위해 행동하고자 하는 의지나 관심의 정도를 의미한다. 상대방의 이익을 위해 행동하는 것에는 상대방에 대한 이해와 지지가 포함된다. 예를 들어 상대방이 어려움을 겪고 있을 때 이를 함께 고민하고 해결해 주려는 행동을 생각해 볼 수 있다. 이는 앞서 살펴본 감정적 신뢰와 좀 더 높은 관련성을 갖는다.

Integrity(진정성)

신뢰 형성의 세 번째 요소인 진정성은 상대방이 윤리적으로 올바른 행동을 할 것이라는 기대를 의미한다. 정직이나 공정성, 약속을 지키는 태도 등으로 나타나는데 회사에서 비리나 불공정한 일을 저지르지 않을 것이라는 믿음, 공정하게 처리할 것이라는 믿음 등으로 생각해 볼 수 있다. 진정성은 신뢰 관계의 지속 가능성을 보장해 주는 요소로 장기적인 신뢰 관계에 있어 매우 중요한 요소 중 하나이다.

이제 이 세 가지 요소가 상사와의 신뢰 관계에 어떻게 적용될 수 있는지 살펴보자.

첫째, 능력에 대한 신뢰 쌓기

자신이 맡은 역할을 효과적으로 수행해 낼 수 있다는 것을 객관적이고 지속적으로 입증하며, 상사가 능력에 대해 신뢰를 갖게 하는 것이다. 상사 입장에서 구성원이 자신이 맡은 업무와 관련하여 필요한 교육에 참석하거나 자격을 취득하는 모습은 자신에게 필요한 능력을 개발하기 위한 노력이라고 느끼기에 아주 좋은 모습 중 하나다. 이왕이면 그러한 활동을 꾸준하게 수행해 온 구성원에 대해 업무 능력 면에서도 좀 더 높은 호감을 갖고 판단하는 경향이 강하다. 그리고 실제로도 필요한 능력을 꾸준하게 개발하는 사람이 연차나 직급 등에 걸맞은 역량을 보유하고 있는 경우가 일반적이다.

[그림 21]은 만족–불만족의 낮고 높음을 통해 속성을 구분한 매트릭스인데, 이를 통해 연차나 직급 등에 걸맞은 역량을 보유한다는 것의 의미를 좀 더 구체적으로 이해해 보자. 이 매트릭스의 속성에 자신이 갖고 있는 능력을 배치해 보자.

[그림 21] 만족-불만족을 통해 구분하는 속성

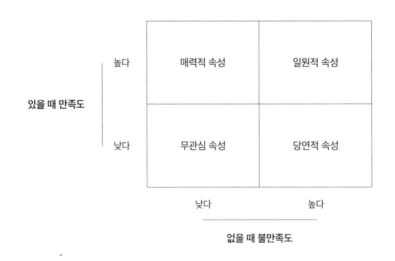

상사 입장에서 구성원에게 기대하는 능력은 해당 구성원의 직위에 기반하는 경우가 많다. 사원, 대리, 과장, 차장, 부장 등 직위에 따라 기대하는 능력이 있다는 의미이다. 예를 들어, 대리 직위의 구성원에게 데이터를 잘 분석하는 것을 기대하고 있고, 과·차장 정도의 구성원에게는 데이터에서 시사점을 도출하여 업무의 전개 방향을 수립하는 것을 기대하고 있다고 생각해 보자. 그런데 그 업무를 맡은 대리가 데이터 분석을 넘어 시사점을 도출하고 업무의 전개 방향까지 수립했다고 가정해 보자.

아마 상사는 그 대리의 업무 능력에 대해 매우 높은 신뢰를 가질 것이다. 이 매트릭스에 대리의 업무 능력을 배치해 보면, 데이터 분석을 잘하는 것이 일원적 속성이었다면 데이터 분석을 기반으로 업무 전개 방향을 수립하여 제시하는 것은 매력적 속성에 해당한다.

그런데 시간이 지나 에이스로 인정받던 대리가 과장이 되었다. 여전히 데이터 분석 업무뿐만 아니라 분석을 통해 시사점을 도출하고 업무의 전개 방향까지 수립하여 제시하고 있다. 상사에게 이 구성원은 여전히 에이스 구성원일까? 시사점 도출과 업무 전개 방향 수립을 해내는 능력이 대리 시절에는 매력적 속성이었겠지만, 과장이 되면 일원적 속성이 될 가능성이 크다. 그리고 혹시라도 데이터 분석에 실수라도 있으면 호되게 꾸지람을 들을 확률도 높다. 대리 시절에는 데이터 분석을 잘하면 일을 좀 하는 대리, 실수가 있으면 다음에는 실수하지 말라는 가벼운 질책 정도 듣던 일원적 속성의 업무가 과장이 되고 나서부터는 당연적 속성이 되었기 때문이다.

이처럼 회사에서 개인의 능력에 대한 기대는 직위나 연차 등에 비례하여 변화해 간다. 그리고 그 변화의 방향은 '매력적 속성-일원적 속성-당연적 속성-무관심 속성'의 과정을 거치게 된다.

[그림 22] 직위에 따른 기대 역량 변화 예시

	매력적 속성	일원적 속성	당연적 속성	무관심 속성
사원	문제해결력	내 일에 대해 주도성을 발휘한다.	규정과 프로세스를 파악하고 준수한다.	
대리	보고서 작성 능력	문제해결력	내 일에 대해 주도성을 발휘한다.	규정과 프로세스를 파악하고 준수한다.
과장	프로젝트 관리 능력	보고서 작성 능력	문제해결력	
소장		프로젝트 관리 능력	보고서 작성 능력	문제해결력

이 특성을 통해 꾸준히 자신의 능력을 개발하는 구성원이 업무 능력에 대해 상사의 신뢰를 얻는 메커니즘이 무엇인지 명확하게 이해하고 공감했을 것이라고 생각한다.

둘째, 호의에 대한 신뢰 쌓기

호의는 곧 상대방에 대한 태도이다. 평소 호의를 갖고 있는 사람에 대해 내가 어떤 태도를 보이는지 가만히 떠올려 보자. 그 사람의 작은 행동이나 말 하나에도 긍정적 관심을 가지고, 그 사람이 어떤 상황에 처하게 되면 적재적소에 필요한 것을 지원하며, 상대방이 나를 필요로 할 때 기꺼이 나의 것을 조정하거나 양보해서라도 상대방 중심으로 행동한다.

동의하는가?

직장에서 상사와 호의를 쌓는 것도 마찬가지다. 상사가 평소 강조하는 사항에 대해 불평이나 불만을 가지기보다는 긍정적으로 그 사항을 실천하려고 노력한다. 그리고 상사가 어떤 상황에 처하게 되면 상사의 부담을 덜어 줄 수 있도록 업무를 지원하고, 내가 조금 어려워지더라도 상사가 맡고 있는 조직 전체가 잘될 수 있는 방향으로 헌신한다.

사실 노력만을 통해 호의의 태도가 나오는 데는 분명 한계가 있다. 하지만 상사와의 협업을 끌어내는 전술 차원에서 시도해 볼 수 있는 행동은 분명히 존재한다는 점을 기억하자. 다음은 그 예시이니 참고해 보자.

재무팀의 윤 대리는 상사인 이 부장과의 관계에서 신뢰를 쌓기 위해 노력 중이다.

이 부장은 평소 예산 절감과 효율성을 강조해 왔다. 윤 대리는 회사의 재정을 다루는 재무팀에서 예산 절감과 효율성을 중시해야 한다는 이 부장의 철학에 대해 매우 깊게 공감하고 있었다. 그래서 틈틈이 조직 내 예산 절감이나 효율성을 강화할 수 있는 분야에 대해 자료를 정리하고 준비해 두고 있었다. 그러던 중 윤 대리는 재무팀의 새로운 프로젝트를 맡게 되었다.

윤 대리: (자신의 책상에서 생각하며 혼잣말) 부장님이 항상 예산 절감을 강조하시는데, 이번 프로젝트에서도 그걸 확실히 보여드려야겠어. 어떻게 하면 부장님이 만족하실 수 있을까?

윤 대리는 예산 절감을 위해 틈틈이 모아둔 자료들을 다시 한번 정리했다. 그리고 그 자료 중 다른 부서와 협력할 수 있는 방안도 검토했다.

다음 날, 회의실에서

이 부장: (프로젝트 회의를 주재하며) 이번 프로젝트는 예산이 타이트하게 책정됐으니, 모두 절약에 신경을 써 주길 바랍니다. 특히, 불필요한 지출이 없도록 철저하게 관리해야 합니다.

윤 대리: 네, 부장님. 이번 프로젝트의 예산 절감을 위해 몇 가지 제안을 준비했습니다. 우선, 기존의 공급업체와 협상해 가격을 좀 더 낮출 수 있는지 논의했고, 또한 다른 부서와 협력하여 일부 자원을 공유하

는 방안도 검토해 봤습니다. 이렇게 하면 예상보다 15% 이상 예산을 절감할 수 있을 것 같습니다.

이 부장: (고개를 끄덕이며) 훌륭하네요, 윤 대리. 정말 잘 준비했어요. 사실 이 정도까지 기대하지는 않았는데, 아주 만족스럽습니다.

윤 대리: (미소 지으며) 감사합니다, 부장님. 그리고 혹시라도 이번 프로젝트 중에 추가적으로 예산 절감이 필요한 부분이 있으면 언제든지 말씀해 주세요. 제가 더 알아볼 수 있는 방법이 있으면 적극적으로 찾아보겠습니다.

이 부장: (윤 대리의 의지를 칭찬하며) 역시 윤 대리군요. 항상 책임감 있게 임해 줘서 고마워요. 사실 내일 있을 경영진 회의에서 이번 프로젝트의 예산 사용 계획을 발표해야 하는데, 윤 대리가 이렇게 신경 써 주니 부담이 덜합니다. 고마워요.

윤 대리: (고개를 숙이며) 부장님께 도움이 될 수 있어서 저도 기쁩니다. 내일 회의 전에 추가로 필요하신 자료가 있으면 말씀해 주세요. 야근을 해서라도 준비해 보겠습니다.

이 부장: (감동한 듯) 윤 대리, 그런 마음이면 충분합니다. 오늘은 일찍 퇴근하고, 내일 또 힘냅시다. 앞으로도 이렇게 서로 도와가며 일합시다. 덕분에 이번 프로젝트도 성공적으로 마무리될 것 같네요.

셋째, 진정성에 대한 신뢰 쌓기

호의가 특정 순간에 필요한 행동을 적재적소에 보이는 것이라면, 진정성은 그 행동이 꾸준하게 지속됨으로써 형성된다. 즉 진정성은 일관성 속에서 형성될 수 있다. 특히, 상사와 진정성에 대한 신뢰를 쌓고자 한다면 상사와 작은 약속이라도 반드시 지키려는 태도에 신경 쓰는 것을 추천한다. 간혹 규모가 크고 중요한 일은 반드시 지키지만, 일상에서의 사소한 약속은 간과하는 경우가 있다. 작은 약속을 간과하는 태도는 상대방으로 하여금 의심하거나 불안하게 만든다.

예를 들어, 매우 중요한 보고서는 매번 제때 제출하는데 주간 업무와 같이 상시적인 행정 업무는 잘 지키지 않는 구성원이 있다고 가정해 보자. 당사자는 자신이 중요한 일은 절대 누락하지 않는다고 주장할지 모르겠지만, 상사 입장에서는 그 구성원에게 더 크고 중요한 일을 믿고 맡기기 어렵다는 것이 일반적인 의견이다. 따라서 진정성에 대한 신뢰를 쌓고 싶다면 작은 일부터 꾸준하게 지키려는 태도를 우선순위로 삼을 수 있어야 한다.

다음으로는 윤리 의식이다. 진정성에 웬 윤리 의식이냐고 생각할지 모르겠지만 매우 중요하다. 평소 작은 규정이라도 철저하게 준수하고 윤리적 도덕적으로 문제가 될 일을 만들지 않는 구성원에게 상사는 신뢰를 가진다.

실무 현장의 사례를 하나 살펴보자.

회의실

팀장님: (회의를 마무리하며) 자, 다음 주에 지방 사업장에 출장 갈 일이 있습니다.

동훈: (자신만만하게) 팀장님, 제가 다녀오겠습니다. 최근 그 사업장에서 진행 중인 프로젝트에 대해 잘 알고 있으니, 제가 직접 가는 게 좋을 것 같습니다.

팀장님: (동훈을 잠시 바라보며) 음… 그렇군요. 하지만 다른 옵션도 고려해 봐야 할 것 같네요. 조금 더 생각해 보고 결정하겠습니다.

동훈: (의아하게) 네, 팀장님.

회의가 끝나고 팀장님이 정민을 따로 부른다.
복도에서 팀장님과 정민

팀장님: (조심스럽게) 정민 씨, 잠시 이야기할 수 있을까요?

정민: (호기심을 보이며) 네, 팀장님. 무슨 일이신가요?

팀장님: 사실 이번 지방 사업장 출장은 동훈 씨가 가겠다고 했는데, 정민 씨가 대신 다녀와 줄 수 있을까요?

정민: (놀란 표정으로) 어… 동훈 씨가 이 업무에 가장 적합하지 않나요? 프로젝트에 대해 누구보다 잘 알고 있는 걸로 알고 있는데요.

팀장님: (한숨을 쉬며) 네, 그 점은 맞습니다. 하지만 제가 좀 걱정이 돼서요. 지연 씨와 둘이 가야 하는 출장이라서, 동훈 씨의 평소 태도를 생각하면… 조금 불안합니다. 회식 자리에서 농담을 너무 경솔하게 하잖아요. 업무에서는 능력이 있지만, 그런 태도가 출장에서도 문제가 될

까 봐 걱정됩니다.

정민: (이해하며) 아, 그렇군요. 저도 그런 모습을 본 적이 있긴 합니다. 그렇다면 제가 다녀오겠습니다.

팀장님: (안도하며) 고맙습니다, 정민 씨. 정민 씨라면 제가 안심할 수 있을 것 같네요. 출장 준비를 잘해 주세요. 동훈 씨에게는 제가 직접 이야기하겠습니다.

정민: (고개를 끄덕이며) 네, 팀장님. 맡겨 주세요.

윤리, 공정성 등의 가치는 일터에서 그 사람에 대한 신뢰의 근간을 이루는 가치다. 아무리 비위를 잘 맞추고, 일을 잘하더라도 윤리적으로 문제가 있으면 대부분의 상사는 그 구성원에게 신뢰를 보내지 않는다(보낼 수 없다는 표현이 더 적합할 것이다).

상사와 신뢰를 쌓는 구체적 방법을 능력, 호의, 진정성의 세 가지 측면에서 살펴보았다. 앞서 소개한 통합적 신뢰 모델에 따르면 이 세 가지 요소가 상호작용하며 신뢰에 영향을 미친다고 한다.

Ability(능력)는 신뢰받는 대상이 과업을 성공적으로 수행할 수 있는 능력이 뛰어나도 Benevolence(호의)와 Integrity(진정성)가 부족하다면 신뢰가 높게 형성되지 않는다. Benevolence는 상대방이 선의를 가지고 있으며, 상대방이 나의 이익을 고려한다는 신뢰를 형성하는 데 중요한 역할을 한다. 그러나 호의가 있어도 상대방이 능력이 부족하거나 진정성이 없다고 판단되면 특정 수준 이상의 신뢰 형성은 어려워진다. Integrity는 신뢰의 지속성과 장기적 유효성을 보장한다. 그러나 진정성만으로는 상대방이 과업을 성공적으로 수행할 것이라는 확신을 줄 수 없으므로, 능력과 호의가 함께 필요하다.

이처럼 상사와 신뢰를 형성하는 것은 능력, 호의, 진정성의 세 가지 요소가 고르게 작동할 때 가능하다. 여러분도 자신이 평소 상사와 신뢰를 어떤 방식으로 쌓아가고 있는지 각 요소별로 고민해 보고, 이 세 가지 요소를 고르게 고려하여 상사와의 신뢰 관계를 강화할 수 있는 계획을 세워 보기를 권한다.

> **참고**
>
> ## 상사의 감정 상태에 따른 효과적 표현(예시)
>
> 협업과 관련된 강의를 하다 보면, 교육에 참가하는 분들로부터 상사의 감정 상태가 좋지 않은 상황일 때 어떻게 대응하면 좋을지에 대한 질문을 많이 받는다.
> 부정적인 감정 상태에 대한 접근은 기본적으로 '공감', '존중과 배려', '긍정성 제시'와 같은 방식의 소통을 진행하는 것이 필요하다. 하지만 이런 개념적인 접근에 대해 약간 부족함을 느끼는 모습을 관찰하고는 했다. 그래서 이 책에서 다루려는 본질적인 내용은 아니지만, 실무 현장에서 많이 겪는 어려움이라는 점을 고려하여 상사의 감정 상태에 따라 구성

원이 효과적으로 활용해 볼 수 있는 몇 가지 표현 예시를 제시한다.

스트레스나 압박감을 느낄 때

상사가 업무나 외부 요인으로 인해 스트레스를 받고 있을 때 불안하고 예민해질 수 있음

[효과적인 표현]

"요즘 정말 바쁘시고 힘드신 것 같아요. 혹시 제가 도와드릴 수 있는 부분이 있을까요?"

"팀장님, 머리 조금 식히고 오십시오. 제가 조금 더 맡아서 처리해 보겠습니다."

"이런 상황에서도 팀장님이 중심을 잘 잡아 주셔서 저희가 의지할 수 있습니다."

자신감이 떨어졌을 때

상사가 성과나 결정에 대해 자신감을 잃고 주저하거나 의기소침해질 수 있음

[효과적인 표현]

"팀장님, 이전에도 비슷한 상황을 멋지게 해결해 오셨잖아요. 이번에도 그럴 거라 확신합니다."

"팀장님의 리더십 덕분에 우리 팀이 항상 좋은 성과를 내 왔습니다. 이번에도 잘 해내실 거라고 믿습니다."

"제가 팀장님께 배웠던 방식으로 뒷받침하겠습니다."

감정적으로 예민해졌을 때

상사가 작은 말이나 행동에도 예민하게 반응할 수 있는 상태

[효과적인 표현]

"제가 조금 더 신경 써서 진행하겠습니다. 팀장님이 우려하시는 부분을 최대한 반영해 보겠습니다."

"팀장님, 이번 일을 통해 더 나은 방향으로 진행될 수 있도록 노력하겠습니다."

결정에 대해 불안감을 느낄 때

상사가 결정한 사항이나 프로젝트에 대해 불안함을 느낄 수 있음

[효과적인 표현]

"팀장님, 이번 결정을 믿고 따르겠습니다. 저는 팀장님 방식이 옳다고 생각합니다."
"저희가 이 방향으로 간다면 좋은 결과가 나올 거라 확신합니다. 열심히 참여해 보겠습니다."

혼란스럽거나 방황할 때

상사가 명확한 지침을 주지 못하고 혼란스러워하거나 갈피를 잡지 못하는 상태

[효과적인 표현]

"팀장님, 제가 우선 몇 가지 대안을 준비해 보겠습니다. 그 중에서 가장 적합한 방향을 함께 논의해 보면 좋을 것 같습니다."
"지금은 중요한 결정을 내리기 어려우시다면 제가 몇 가지 방안을 마련해 보겠습니다."

불만이나 불편함을 느낄 때

상사가 자신에게 주어진 업무나 상황에 대해 불만이나 불편함을 느낄 때

[효과적인 표현]

"팀장님, 그 부분에 대해 불편하셨을 것 같습니다. 제가 해당 부분을 다시 점검해 보고 개선할 수 있는 방안을 찾아보겠습니다."
"불편하셨다면 죄송합니다. 어떻게 하면 이 문제를 해결할 수 있을지 같이 고민해 보겠습니다."

부디 이 내용이 상사에 대한 아부 멘트로 왜곡되지 않기를 바란다.

14

후배 구성원과 협업 시 겪을 수 있는 문제

상사와의 협업에서 살펴본 내용 중 대표 키워드를 꼽는다면 불일치(문제의 원인)와 균형(해결의 방향)이었다. 그렇다면 후배 구성원과 협업 시 겪을 수 있는 문제를 한 단어로 요약한다면 그것은 무엇일까? 그 핵심은 바로 '부족'이다.

후배 구성원과 협업이 원활하게 이루어지지 못하는 원인은 공감의 부족, 소통의 부족, 책임의 부족 세 가지로 요약해서 살펴볼 수 있다. 여러분도 후배 구성원과의 협업 과정에서 어떤 '부족'을 경험했는지 자신의 사례를 떠올려 보며 다음 내용을 하나씩 살펴보기를 추천한다.

공감의 부족

가장 먼저 후배 구성원과의 원활한 협업을 저해하는 '공감의 부족'을 살펴보자. 공감은 문제해결이나 갈등 관리에서 빠지지 않고 언급되는 첫 번째 요소다. 즉 복잡하게 얽힌 상황을 해결할 수 있는 첫 출발점이라는 점을 알 수 있다.

공감한다는 것은 서로 간의 입장을 이해하고 그 속에 흐르는 감정을 공유한다는 의미이다. 만약 상사나 선배가 여러분의 입장이나 감정을 이해하지 않은 채 업무를 함께 진행하면 그 업무는 원활하게 진행되는 편인가? 아마 긍정적인 답변을 하기 어려울 것이다. 그만큼 공감이 부족하다면 후배 구성원과 협업하며 업무를 진행하는 데 문제가 발생할 수밖에 없다.

협업을 끌어내기 위해서는 내가 아닌 상대방에게 초점을 맞춰야 한다는 점을 다시 한번 상기해 보자. 후배 구성원 입장에서는 어떤 점으로 인해 상사나 선배가 자신에게 공감이 부족하다고 느낄까?

첫째, 존중받지 못하는 느낌

후배 구성원은 기본적으로 조직의 위계상 선배나 상사보다 아래에 위치하고 있다. 선배나 상사들이 수평적인 문화를 추구하더라도 한국 일터 문화에서는 암묵적으로 후배 구성원의 의견이나 취향보다는 선배나 상사의 의견이나 취향을 우선시할 수밖에 없다는 점을 고려해야 한다. 그래서 후배 구성원들은 구조적으로 자신의 의견이나 아이디어를 존중받지 못한다고 느낄 가능성이 더 클 수밖에 없다.

그리고 이는 후배 구성원들로 하여금 협업에 적극적으로 참여하려는 동기를 떨어뜨리는 요인이 되기도 한다. 이는 주로 회의, 면담과 같은 상황에서 많이 발생하게 되는데, 후배의 적극적인 협업을 끌어내고자 한다면 선배나 상사는 적합한 태도를 보일 수 있어야 한다. 예를 들어, 후배 구성원이 의견을 낼 때 무시하거나 대충 듣는 척하는 태도가 후배 구성원들로 하여금 자신이 존중받지 못한다는 느낌을 들게 할 수 있고, 피드백을 할 때 권위적이거나 깎아내리는 태도를 보일 때 역시 존중받지 못하는 느낌을 주기 십상이다. 간단하게 요약하면 "모든 의견은 동등하다. 듣는 척하지 말라."

둘째, 피드백의 부재나 왜곡

피드백이 전혀 제공되지 않거나 제공하더라도 한쪽으로 지나치게 편향, 왜곡된 피드백으로 소통이 이루어질 경우 공감대를 형성하기 힘들다. 왜냐하면 후배 구성원 입장에서는 자신에게 선배나 상사가 관심이 없거나 좋지 않은 의도 속에서 피드백을 제공한다고 느낄 수 있기 때문이다. 다음 사례를 통해 좀 더 구체적으로 이해해 보자.

회의가 시작되자마자 팀장인 민수 차장이 팀의 전반적인 전략을 설명했다. 팀원들에게 의견을 묻는 시간이 되자, 은정은 자신이 준비한 시장 분석 자료를 발표하려고 손을 들었다.

"팀장님, 제가 최근에 조사한 데이터를 바탕으로 시장 분석을 조금 더 구체화할 수 있을 것 같습니다." 은정이 자신감 있게 말했다.

하지만 민수 팀장은 잠시 은정을 바라보더니, "잠시만요"라고 짧게 말하고는 곧바로 다른 팀원의 의견을 묻기 시작했다. 그리고 회의가 끝나는 순간까지도 은정에게는 아무것도 묻지 않았다.

은정은 자신이 무시당하고 있다는 생각이 들었다.

회의가 끝난 후, 동료인 현석이 다가와 물었다.

"은정 씨, 오늘 회의에서 자료 발표할 줄 알았는데 왜 말하지 않았어요?"

은정은 쓸쓸하게 웃으며 답했다.

"내가 말하려 했지만, 팀장님이 관심 없어 보이셨어. 내가 발표할 필요가 없다고 느꼈어."

다음 날, 은정은 팀장에게 회의 내용과 관련된 이메일을 보냈다. 이번에는 자신의 의견이 반영될 수 있도록 글로 정리해 전달한 것이다.

그러나 팀장은 은정의 이메일에 '네, 좋은 의견 고맙습니다. 고려해 볼게요.' 하는 짤막한 답장을 보낸 후 그에 대해 일언반구도 없었다.

은정은 팀장이 자신의 의견을 존중하지 않고, 공감하지 않는다는 느낌이 강해졌다. 이후 회의에서 은정은 더 이상 적극적으로 의견을 내지 않게 되었다. 팀장이 자신을 존중하지 않는다고 느꼈기 때문이다. 은정은 팀의 협업에 점점 소극적으로 참여하게 되었고, 점점 의욕을 상실했다.

그러던 어느 날 민수 팀장이 은정에게 부탁했다.
"은정 님, 지난달에 저에게 메일 보내셨던 내용, 구체적으로 아이디어를 내서 콘셉트(안)를 개발해 볼 수 있을까요? 그룹장님께서 여러 아이디어 옵션을 함께 검토해 보자고 하시는데 좋은 기회인 것 같아서요."

이어지는 은정의 퉁명스러운 답변.
"네, 팀장님. 제가 생각해 봤는데 그렇게 좋은 아이디어 같지 않더라고요. 그리고 드렸던 메일에서 더 붙일 만한 아이디어가 특별히 없습니다. 혹시 더 살려 볼 만한 점이 있는지 고민해 보겠습니다."
(당황하는 민수 팀장) "네… 그래요. 혹시 아이디어가 좀 떠오르면 말해줘요. 시간은 충분하니까요."

한 달이 지나도 은정은 그 어떤 아이디어도 내지 않았고, 팀의 활력도 떨어져만 갔다.

피드백이 부재나 왜곡은 인간적으로 존중받지 못하거나 공감받지 못한다는 느낌을 심어줄 수 있다는 점을 기억하자. 여러분은 혹시 민수 팀장이나 은정 님 같은 경우가 되어 본 적이 없는가? 혹시 여러분이 선배나 상사 입장이라면, 후배 구성원에게 해야 할 이야기를 누락한 것은 없는지 확인해 보는 것을 추천한다.

소통의 부족

소통은 협업의 기본적인 요소이자, 팀의 성과를 좌우하는 중요 요인이다. 특히 선배와 후배 구성원 간의 원활한 소통은 상호 이해와 협력의 기반이 되며, 소통의 부족은 그 반대의 결과를 초래할 수 있다. 앞서 살펴본 민수 팀장과 은정 님의 사례도 서로의 입장이나 상황을 충분히 소통했다면 다르게 전개되었을 가능성이 크다. 어떤 점이 상사나 선배로 하여금 후배 구성원과의 소통을 부족하게 만드는 것일까?

첫째, 시간의 부족

물리적인 시간의 부족이다. 민수 팀장이 바쁜 일정을 소화하느라 은정과 충분히 소통할 시간을 가지지 못했던 것처럼, 일터에서 직급이나 직책이 올라가면 갈수록 난이도와 중요도가 높은 업무를 담당하는 경우가 많아진다. 이로 인해 후배 구성원과 소통할 수 있는 물리적 시간이 부족해지는데, 문제는 이러한 상황이 고착화하면 후배 구성원들과 소통하지 않는 것이 습관처럼 되어 버린다. 이로 인해 후배들은 자신의 의견이 무시당한다고 느끼거나, 방향성을 잃고 업무에 소극적으로 임하게 된다.

둘째, 위계적 사고방식

위계 중심의 조직문화에서 성장해 온 선배나 상사는 자신들이 후배 구성원에게 지시를 내리면 후배 구성원은 최대한 그 지시에 맞춰 업무를 수행하는 것이 올바른 직장 생활의 태도라고 여기는 경우가 종종 있다. 이런 사고방식으로는 선배가 후배 구성원과 소통하는 것을 불필요하게 여기고, 자신이 생각하는 방향을 전달하는 데 대부분의 시간을 할애하게 된다.

셋째, 디지털 소통 도구의 지나친 의존

Covid-19 시대를 거치면서 팀즈 등과 같은 디지털 도구를 통해 소통하는 것이 직급의 높고 낮음을 막론하고 일반화되었다고 해도 과언이 아니다. 문제는 디지털 도구를 통해 의사소통이 늘어나는 만큼 직접적인 대면 소통의 절대적 빈도와 시간이 줄어든다는 점이다. 직접적인 대면 소통이 줄어드는 만큼 상대방에 대한 비언어적 단서(표정, 어조 등)를 통한 이해와 공감이 어려워지고, 이로 인해 소통의 오해나 단절을 초래할 수 있다. 뒤에서 좀 더 언급하겠지만, 이런 문제를 해결하기 위해 주기적인 대면 회의나 일대일 면담 시간을 선배들이 의도적으로 마련하는 것이 필요하다.

넷째, 소통 능력의 부족

도구나 상황의 문제가 아닌 선배나 상사 구성원의 개인 소통 능력 문제이다. 자신의 생각을 명확하게 정리하여 명료하게 전달하는 의사소통 능력이 부족한 경우 소통의 질이 떨어지게 되고, 이는 후배 구성원으로 하여금 선배 구성원과 소통을 꺼리게 만든다.

다섯째, 세대 차이와 불신

세대 차이로 인해 가치관, 일하는 방식, 의사소통 방식 등에 차이가 날 수 있다. 이 차이를 인정하지 않은 채 선배나 상사가 자신의 가치관이나 방식만을 강요하면 소통의 양은 절대적으로 줄어들 수밖에 없다. 이러한 차이 외에도 선배나 상사가 후배 구성원의 능력이나 자질을 신뢰하지 않을 경우 소통을 줄이거나 회피하는 모습이 나타나게 된다.

결국 소통의 부족은 그 구체적 원인이 무엇이든 간에 개인과 팀의 성과 모두에 부정적인 영향을 미친다. 후배 구성원들과의 원활한 소통을 위해 노력하는 것은 건강한 협업 문화를 만들어 가는 첫걸음이라는 사실을 잊지 말기를 바라며 지혜로운 한 선배의 사례를 소개한다.

지혜로운 멘토와 신입사원

신입 사원인 지수는 입사한 지 1년이 채 되지 않았다. 민재 팀장은 지수에게 새로운 프로젝트를 맡겼다. 이 프로젝트는 지수에게 큰 기회이자 도전이었다. 지수는 열정적으로 프로젝트 계획서를 작성했고, 처음으로 팀 전체 회의에서 기획서를 발표할 날을 기다리고 있었다.

회의 당일, 민재 팀장은 회의를 주도하며 각 팀원들에게 업무를 할당하고 있었다. 드디어 지수의 차례가 되었고, 준비한 내용을 발표하기 시작했다. 지수가 발표를 시작한 지 몇 분 되지 않아, 민재 팀장이 손을 들었다.
"지수 씨, 이 부분은 제가 지난번에 강조했던 방향성과는 좀 다른 것 같아요. 이 프로젝트는 우리가 기존에 했던 방식대로 진행하는 게 좋을 것 같습니다."
지수는 당황했지만, 팀장의 의견을 존중하며 발표를 마무리했다. 회의가 끝난 후, 그녀는 혼란스러웠다. 자신이 준비한 계획이 팀장의 기대에 미치지 못한 것 같아 실망스러웠다.

며칠 후, 지수는 다시 작업하면서도 팀장의 말이 머릿속에서 떠나지 않았다. 자신이 잘못한 것인지, 아니면 팀장이 자신에게 더 많은 것을 기대하고 있는지 확신이 서지 않았다. 그러나 팀장은 너무 바빴고, 소통할 기회를 갖는 것도 마땅치 않았다.

민재 팀장은 어느 날 늦은 시간에 복도를 지나가다가 지수가 회사에

남아 있는 것을 발견했다. 지수는 어둑한 사무실에서 혼자 모니터를 보며 우울한 표정을 짓고 있었다.

"지수 씨, 아직도 일하고 있나요?"

민재 팀장이 다가가며 물었다.

지수는 깜짝 놀라며 고개를 들었다.

"네, 팀장님. 지난번에 지적하신 부분이 마음에 걸려서 더 수정하려고 했습니다."

민재 팀장은 지수의 책상에 앉으며, 조용히 말했다.

"지난번 회의에서 미리 충분히 소통하지 못해 나도 미안했어요."

지수는 "저도 제가 부족했던 건 아닌지 걱정했어요. 팀장님이 말씀하신 방향성을 좀 더 이해하고 싶었는데, 그걸 제대로 이해하지 못한 것 같아서요"라고 말했다.

"지수 씨, 이번 주중에 다시 한번 회의합시다. 이번엔 좀 더 시간을 할애해서 지수 씨가 준비한 계획을 좀 더 깊이 논의해 봅시다. 그리고 앞으로는 정기적으로 일대일 면담 시간을 가지면서 소통을 강화해 보는 게 어떨까요?"

지수는 밝게 미소 지으며 답했다.

"그럼 정말 감사하겠습니다, 팀장님."

그 후, 민재 팀장은 지수와의 소통 시간을 정기적으로 가졌다. 매주 한 번씩 30분간 일대일 면담 시간을 정해 지수가 프로젝트를 진행하며 겪는 어려움을 들었다. 그리고 지수가 성장할 수 있도록 적극적으로 조언해 줬다.

지수는 팀장과의 소통이 원활해지자 자신감이 생겼고, 프로젝트를 성공적으로 완수할 수 있었다. 팀장의 신뢰를 얻으며, 지수도 이제는 팀 내에서 중요한 역할을 맡게 되었다. 지수는 소통의 중요성을 몸소 체험하며, 나중에 후배가 들어왔을 때 그들과의 소통을 우선시하겠다고 다짐했다.

책임의 부족

옛날 옛적, 거대한 숲속에 동물들이 평화롭게 살고 있었다. 이 숲에는 여러 종류의 동물이 있었는데, 그중에서도 가장 똑똑하다고 알려진 부엉이, 빠르고 날렵한 여우, 힘센 곰이 있었다. 이 세 동물은 리더 역할을 맡고 있었고, 모든 동물이 그들에게 존경심을 가지고 있었기에 평소에 그들이 이야기하는 내용이나 제시하는 방향을 기꺼이 따랐다.

그러던 어느 날, 숲에 큰 위기가 닥쳤다. 숲의 강물이 점점 말라가기 시작한 것이다. 동물들은 강물 없이는 살 수 없었기에 모두 두려움에 떨었다. 숲의 동물들은 이 문제를 해결하기 위해 세 리더들에게 도움을 청하기로 했다.

동물들이 모여서 부엉이, 여우, 곰을 기다리고 있었다. 그때 부엉이는 지혜로운 표정으로 말했다.

"내가 생각하기에 이 문제는 매우 복잡하고 심오하다. 우리가 이 문제를 해결하기 위해서는 깊이 있는 연구가 필요하다. 그러나 나는 이 숲에서 가장 지혜로운 자로서 너무 많은 일을 동시에 맡고 있다. 따라서 이 문제는 여우가 먼저 조사해 보는 것이 좋을 것 같다."

여우는 날렵한 미소를 지으며 말했다.

"부엉이 말이 맞아. 그러나 내가 생각하기에는 이 문제를 해결하려면 숲 곳곳을 누비며 원인을 찾아야 하는데, 나는 바쁘고 중요한 일들이 많아서 그럴 시간이 없다. 그러니 곰이 힘을 써서 강을 파헤쳐 원인을 찾는 것이 좋겠어."

곰은 천천히 고개를 끄덕이며 말했다.

"여러분의 의견에 동의해. 하지만 나는 힘이 세기 때문에 다른 일들도 많아. 이 문제는 내가 처리할 일이 아닌 것 같아. 아마 시간이 지나면 자연스럽게 해결될 수도 있을 거야."

이렇게 숲의 세 리더는 서로 책임을 떠넘기며, 그 누구도 문제를 해결하려 하지 않았다. 각자 자신이 얼마나 바쁘고 중요한 일을 하고 있는지 강조만 할 뿐이었다.

시간은 흐르고, 강물은 마침내 완전히 말라 버렸다. 결국, 동물들은 더 이상 리더들에게 의지하지 않고 스스로 문제를 해결하기로 결심했다. 작은 동물들이 힘을 모아 강 주변에 땅을 파서 새로운 강줄기를 만들어 냈다. 그러자 강물은 다시 흐르기 시작했고, 숲은 다시 생기를 되찾았다.

그 후 동물들은 기존의 세 리더를 더 이상 지도자로 인정하지 않았다. 새로운 지도자를 선출하는 날, 모든 동물의 마음속에는 책임을 회피하지 않는 동물을 리더로 뽑겠다는 의지가 가득했다.

자신이 맡은 일이나 조직에 책임감이 부족한 선배나 상사는 후배 구성원들과의 원활한 협업을 기대하기 어렵다. 이는 책임과 성과를 대하는 태도를 통해서도 확인해 볼 수 있다.

[그림 23] 성과와 책임으로 살펴보는 선배/리더 유형

	책임을 진다 X	책임을 진다 O
성과를 취한다 O	도둑들	잘 나가는 리더
성과를 취한다 X	그림자	키다리 아저씨 리더

자신이 맡은 일에 대해 책임을 지는 선배나 상사는 성과를 취하는지 여부와 관계없이 긍정적인 윗사람으로 여겨진다. 그에 반해 책임

을 지지 않는 선배나 상사는 성과를 취하든 취하지 않든 일터에서 구성원들에게 좋지 않은 사람으로 각인되어 있을 가능성이 크다.

책임을 지지 않는 모습은 후배 구성원들로부터 응원과 지지를 받지 못하기 때문에 스스로에게도 중·장기적으로 좋지 않다는 점을 기억하자. 그리고 무엇이 선배나 상사들이 책임을 회피하게 만드는 것인지 고민해 보자.

조직 시스템 차원의 문제
첫째, 책임 회피를 조장하는 조직문화

조직 내에서 책임을 지는 것이 개인에게 과도한 불이익으로 돌아오는 경우, 구성원들은 지위 고하를 막론하고 적극적으로 책임을 지려 하지 않는다. 특히, 업무 진행 과정에서 실수가 있을 때 그에 대해 책임지고 수습하는 사람에게 보상하지 않고, 책임질 만한 일을 모두 교묘하게 회피하여 겉으로 드러난 실적만을 낚아채는 사람에게 조직이 보상하는 모습을 보이게 되면 이는 잘못된 관행으로 굳어지게 된다. 구성원들 사이에 책임질 일이 있어도 절대 나서지 않는 사람이 이 회사에서는 인정받고 보상받는다는 심리가 형성된다는 의미이다. 보통 그런 심리가 모이게 되면 그것이 그 조직의 조직문화가 된다.

책임을 진다는 것은 곧 발생한 문제에 대한 위험을 본인이 떠안겠다는 의미이기는 하나, 업무를 수행하는 과정에서 발생한 문제에 대해 책임지며 학습하고 해결하는 과정이 조직의 성공 DNA로 축적된다는 점을 잊지 말아야 한다.

둘째, R&R 및 의사결정의 불명확성

공동으로 진행하는 과업에서 각자의 R&R이나 의사결정 권한이 분산되어 있는 경우 구성원들의 책임 회피를 조장하기 쉽다. 내 권한이 아니었다는 항변부터 내가 아닌 다른 사람이 해야 할 일이었다는 심리를 갖게 하는 데는 명확한 역할 책임과 의사결정 체계가 부재하기 때문이다.

개인 차원의 문제

첫째, 두려움과 실패에 대한 회피

"나는 신입사원 시절 마케터였다. 대형마트에 Shop in shop으로 입점해 있는 통신 상품 판매 채널을 담당하는 직무였는데 2년여 동안 나는 단 한 번도 전국 1등을 빼앗긴 적이 없었다. 내가 세운 전사 1등 기록을 내가 갱신하는 순간이 계속되었고, 어느새 스타 마케터로 대우를 받는 느낌이었다. 하지만 어느 순간부터 매달 마감 시기가 될 때마다 1등 자리를 빼앗기면 어쩌나 하는 불안감이 나를 엄습했다. 1등 자리를 빼앗기는 것은 내가 맡고 있는 일에서 실패하는 것처럼 느껴졌고 두려웠다. 그리고 그 동안 신입사원이 전국 1등을 계속 유지하면서 주변 선배들이 직·간접적으로 받아 왔던 스트레스가 비웃음으로 돌아올 것 같다는 생각이 한동안 나를 지배했다. 나는 대형마트가 아닌 대리점 채널로 담당 채널을 바꿀 때까지 1등 자리를 계속 유지했지만, 그 일을 담당한 막바지에는 처음 그 일을 맡았을 때처럼 다양한 시도나 생각을 하려 들지 않았다. 두려움과 실패에 대한 회피 때문이었다."

이 마케터의 신입사원 시절에 대한 회고를 통해 확인할 수 있듯, 두려움이나 비난을 피하고 싶은 심리는 책임을 지지 않으려는 모습을 키우게 된다. 실패했을 때 발생하는 부정적 결과를 피하고 싶은 마음에 애당초에 책임질 일 자체를 시도하거나 만들지 않는 것이다.

둘째, 자신감의 부족과 자기중심적 태도

자신의 능력에 대한 확신이 부족하거나, 자신의 이해관계나 이익을 최우선으로 고려하는 경우에 책임에 대한 회피 심리가 강해진다. 책임을 지는 것이 자신의 이해관계나 이익에 부정적 영향을 미치기 때문이다. 이는 자신감의 부족과 밀접하게 연관되는데, 책임을 질 상황이 벌어졌을 때 주변 사람들이 부정적으로 피드백하게 된다. 그리고 이러한 상황이 곧 자신의 이미지나 평판에 부정적 영향을 미친다는 생각에 사로잡히게 되는 것이다.

지금까지 선배나 상사들이 책임을 회피하게 만드는 주요 요인을 조직 시스템 차원과 개인 차원으로 구분하여 살펴보았다. 네 가지 구체적 요인을 관통하는 핵심은 책임을 지는 행위가 자신에게 부정적 영향을 미친다는 판단이 깔려 있기 때문이라는 것을 알 수 있다. 그런데 아이러니하게도 자신의 이익을 지키기 위해 이루어지는 책임회피 행위가 되레 주변 사람들로부터 자신을 고립시킨다는 점이다.

우리가 이기적 인간임을 가정했을 때, 과연 어디까지 얼마만큼 당당하게 책임을 지는 것이 자신을 고립시키지 않고 후배 구성원들과 원활한 협업을 끌어내는 수준인지 각자 고민해 보는 것도 필요하다고 생각한다.

다만, 그 고민의 방향에 빠트리지 않아야 할 점은 앞으로의 시대에 협업은 일터의 핵심 역량이고, 협업을 끌어낼 수 있는 사람이 될 수 있느냐 여부가 곧 회사에서 성공의 핵심 조건이라는 것이다. 어느 쪽에 좀 더 중점을 두는 것이 자신에게 더 유리한지 고민하는 데 참고하기 바란다.

15

협업의 고수는 후배 구성원과
협업할 때 정서를 관리한다

후배 구성원과 협업을 효과적으로 끌어내는 사람의 대표적인 특징을 한 가지만 꼽는다면 그것은 바로 '정서 관리'이다. 앞서 후배 구성원과 협업을 저해하는 문제의 원인을 공감의 부족, 소통의 부족, 책임의 부족 세 가지를 살펴보았는데, 이 세 가지 원인을 관통하는 키워드가 바로 '정서'이다.

공감하지 못하는 모습, 소통을 잘하지 않는 모습, 책임을 지지 않는 모습 모두 후배 구성원들에게 부정적 정서를 유발한다. 그래서 협업의 고수는 후배 구성원과 협업할 때 정서를 잘 관리한다.

그럼 구체적인 내용을 하나씩 살펴보자.

공감의 정서

앞서 후배 구성원과 공감이 부족한 원인으로 존중받지 못한다는 느낌, 피드백의 부재와 왜곡 두 가지 사항을 중심으로 살펴보았다. 이를 효과적으로 해소할 수 있는 방법을 살펴보자.

첫째, 인정과 칭찬의 말을 먼저 내뱉어 보기

인지 부조화 이론Cognitive Dissonance Theory에 따르면 사람들은 자신의 행동과 신념이 일치하지 않을 때 불편함이나 스트레스를 느끼고, 이를 줄이기 위해 행동을 변화시키거나 신념을 수정한다. 이 원리는 협업에서도 마찬가지로 적용될 수 있다. 예를 들어, 선배가 후배 구성원에게 의도적으로 인정과 칭찬의 말을 건넨다면, 이는 단순한 말로 끝나는 것이 아니라 본인 스스로 후배에 대한 긍정적인 인식을 강화하는 행동으로 이어질 수 있다는 의미이다.

또한 자기 지각 이론Self-Perception Theory에 따르면 사람들이 스스로의 정서를 직접 인식하는 것이 아니라, 자신의 행동을 보고 '내가 이런 행동을 하니까, 나는 이런 감정을 느끼고 있는 것 같다'라고 자신의 심리 상태를 추론한다. 따라서 후배 구성원을 인정하고 칭찬하는 행동을 반복적으로 실천함으로써 자신이 후배를 존중하고 있다는 확신을 가지게 되고, 이는 후배와의 협업 관계에서 긍정적인 정서를 형성하는 데 중요한 역할을 할 수 있다.

즉 두 가지 이론 모두 내가 후배 구성원을 인정하고 칭찬하고 있으니 나는 정말 후배 구성원을 존중한다고 생각하게 된다는 것이다. 이처럼 후배 구성원에 대해 인정과 칭찬의 말을 먼저 내뱉음으로써 자신 스스로도 후배 구성원의 긍정적인 면을 보려 노력하게 되고, 그 말을 듣는 후배 구성원도 선배로부터 존중의 느낌을 받을 가능성이 크다.

둘째, 정기적인 일대일 면담 시간 가지기

부족하거나 왜곡된 피드백은 상대방과 공감대를 형성하지 못한다. 결국 이는 후배 구성원에게 정기적으로 피드백을 제공하고, 그들의 의견을 경청하는 시간을 가지는 노력을 통해 해소될 수 있다. 또한 그 과정을 통해 어느 정도 신뢰가 쌓이면 개인적인 고민이나 업무 관련 어려움을 공유하게 되는 순간이 온다. 그런 과정을 기꺼이 받아들이며 인생의 선배, 멘토 같은 역할을 수행해 줄 수 있을 때 그 효과는 극대화될 수 있다.

디자인싱킹에서는 '공감'의 구체적 방법으로 그 사람에게 물어보거나, 그 사람을 관찰하거나, 그 사람의 입장이 되어 보거나, 그 사람과 함께하는 방식이 언급된다. '물어보기, 관찰하기, 되어 보기, 함께하기' 모두 결국은 그 사람에 대해 진심 어린 관심을 갖고 자신의 시간을 할애하는 것으로 귀결된다.

후배 구성원과 공감대를 형성하며 원활하게 협업하고 싶은가? 후배 구성원에 대해 진심 어린 관심을 갖고 자신의 시간을 할애해 보자.

사례

한때 내가 재직했던 회사에 정말 일을 잘하는 두 명의 선배가 있었다. 그들은 모두 뛰어난 능력을 가진 전문가들이었고, 각기 다른 팀을 이끌고 있었다. 그러나 그들의 팀 분위기와 성과는 극명하게 달랐다.

첫 번째 선배인 민준은 전략적 사고가 뛰어나고, 빠른 의사결정 능력을 가진 리더였다. 그는 항상 바쁘고, 회사의 중요한 프로젝트를 많이 맡았다. 그러나 그의 팀원들은 리더와 소통이 어렵다고 느꼈다. 민준은 팀원들과의 대화보다 보고서와 숫자에 더 집중하는 사람이었다. 그가 팀원들에게 피드백을 줄 때는 주로 비판적인 내용을 강조했으며, 팀원들의 의견을 수용하기보다는 자신의 생각을 강요하는 경우가 많았다.

어느 날, 팀의 신입사원인 지현은 민준에게 새로운 마케팅 아이디어를 제안했다. 지현은 이 아이디어가 회사의 방향성과 잘 맞을 것이라고 믿고 있었다. 그러나 민준은 지현의 말을 끝까지 듣지 않고 "이건 우리가 이미 시도해 본 방식이야. 다음에 더 나은 아이디어가 있으면 얘기해 줘"라며 차가운 피드백을 줬다.

지현은 실망감에 빠졌다. 자신의 의견이 가치 없다고 느꼈고, 그 후로는 더 이상 적극적으로 아이디어를 내놓지 않았다. 시간이 지나면서 지현뿐만 아니라 다른 팀원들까지도 민준에게서 멀어지기 시작했다. 그들은 민준이 구성원들의 의견을 듣지 않고, 그저 자신의 방식대로 일을 진행하려 한다고 생각했다.

두 번째 선배인 수연은 상황이 달랐다. 그녀는 뛰어난 전략가이면서도 팀원들의 감정과 의견에 귀 기울이는 리더였다. 수연은 매주 팀원들과 일대일 티타임 시간을 가졌고, 이 시간을 통해 팀원들의 의견을 듣고 피드백을 주었다. 팀원들의 작은 성공도 놓치지 않고 칭찬하며, 그들의 노력을 인정해 주었다.

수연의 팀에는 준호라는 신입사원이 있었다. 준호는 새로운 제품의 브랜딩 아이디어를 제안하고 싶었지만, 아이디어가 받아들여지지 않을까 걱정하고 있었다. 수연은 준호의 고민을 알아채고 일대일 티타임 시간에 물어보았다.

"준호 씨, 최근에 어떤 생각을 하고 있는지 궁금해요."

수연이 물었다.

준호는 처음에는 주저했지만, 수연의 진심 어린 관심에 마음을 열었다.

"사실은 새로운 브랜딩 아이디어가 있는데, 너무 파격적일까 봐 망설여졌습니다."

수연은 미소 지으며 말했다.

"아이디어가 어떤 것이든 듣고 싶어요. 함께 회사에 어떤 가치를 더할 수 있을지 생각해 보면 좋을 것 같아요."

준호는 자신의 아이디어를 자신 있게 설명했다. 수연은 준호의 아이디어를 깊이 경청하고, 몇 가지 질문을 통해 더욱 발전시킬 수 있도록 도왔다. 이후 그 아이디어는 실제 프로젝트에 반영되었고, 큰 성공을 거두었다.

수연은 항상 팀원들과 공감하는 분위기를 유지하며, 그들의 의견을 존중했다. 그 결과, 팀원들은 수연과 함께 일하는 것을 즐기고, 서로에게서 배움을 얻었다. 그들의 팀은 회사에서 가장 창의적이고 성과가 높은 팀으로 인정받았다.

쉬어 가기

앞의 두 팀장의 사례를 통해 인지부조화 이론과 자기 지각 이론에 대해 좀 더 쉽게 이해해 보자.

민준 팀장은 팀원들에게 비판적인 피드백을 주며 자신의 의견을 강요하는 모습을 보였다. 민준 팀장의 이런 모습을 인지 부조화 이론의 관점에서 볼 때, 민준 팀장도 팀원들과의 관계에서 불편함을 느끼고 있었을 가능성이 크다. 민준 팀장은 팀원들의 의견을 수용하기보다 자신의 생각을 강요함으로써 자신의 권위와 리더십을 지키고자 했을 것이라고 생각해 볼 수 있다.

좀 더 쉽게 이야기하면, 민준 팀장은 리더로서 팀원들이 리더의 지시에 맞춰 일사불란하게 움직이는 팀이 되어야 한다는 신념을 갖고 있었다. 그리고 그 신념하에 회의에서 팀원들의 다양한 의견을 검토하고 수용하는 것이 자신이 가진 신념과의 부조화를 증가시키는 요인이 되었다고 생각해 볼 수 있다. 이로 인해 민준 팀장은 자신의 인지 부조화를 줄이기 위해 다양한 의견을 제시하는 구성원들의 의견을 인정하지 않거나, 더욱 강력하게 비판하는 행동을 보였다고 해석해 볼 수 있다. 그러나 안타깝게도 그 행동은 오히려 팀원들과의 관계에서 부정적인 정서를 유발하고, 협업을 저해하는 결과를 초래했다. 만약 민준 팀장이 팀원들의 다양한 의견을 받아들이고 이를 통해 팀의 방향성을 유연하게 조정하려 했다면 좀 더 긍정적인 결과를 기대해 볼 수 있지 않을까 (인지 부조화를 해소하기 위해 자신의 신념을 조정했다면 어땠을까)?

반면, 수연 팀장의 사례에서는 자기 지각 이론을 활용하여 해석해 볼수 있다. 수연 팀장은 팀원들의 의견을 경청하고, 그들의 아이디어를 존중하는 행동을 지속적으로 실천했다. 이러한 행동을 통해 수연 팀장은 자신이 팀원들을 진심으로 존중하고 있다는 정서를 스스로 형성했을 것이다. 수연 팀장은 팀원들에게 칭찬과 피드백을 아끼지 않았고, 이는 수연 팀장이 자신의 리더십 스타일이 협력적이고 공감 능력이 뛰어나다고 인식하게 만드는 요인으로 작용했을 것이다. 이러한 자기 지각은 수연 팀장 스스로를 더욱 공감적이고 지원적인 리더로서 행동하도록 만들었고, 팀원들과의 협업을 성공적으로 이끄는 데 긍정적인 요인으로 작동한 것이다.

결과적으로, 민준 팀장의 경우 인지 부조화로 인해 팀원들과의 관계에서 거리를 두며 협업을 저해하게 되었다. 반면, 수연 팀장은 자기 지각을 통해 긍정적인 정서를 형성하고 팀원들과의 협업을 강화하는 데 성공했다.

앞서 살펴본 두 이론에 이 사례를 적용해 보며, 후배 구성원과의 협업에서 정서 관리가 얼마나 중요한지를 다시 한번 이해하는 시간이 되었기를 희망한다.

소통의 강화

소통이 부족하게 되는 요인으로 시간의 부족, 위계적 사고방식, 디지털 소통 도구에 대한 지나친 의존, 소통 능력의 부족, 세대 차이와 불신 다섯 가지 측면에서 살펴보았다.

소통을 강화하기 위해서는 소통할 수 있는 물리적 시간 확보가 가장 필수적이다. 일터에서 주어진 시간은 한정적이기 때문에 이를 해소할 수 있는 방법은 개인의 시간 관리 능력에 기반하는 수밖에 없다. 효과적 시간 관리를 위해 시간 관리 전문가들이 언급하는 비법인 4D를 소개한다.

4D

Delete(제거): 무의미한 작업 제거하기

가장 먼저 해야 할 일은 삭제이다. 무의미한 회의, 비생산적인 습관, 불필요한 업무를 과감하게 제거하라는 의미이다. 스스로에게 "이 일을 반드시 해야 하는가?"라는 질문을 던져 보고, 그렇지 않다면 과감하게 삭제하는 것이다. 불필요한 것들을 제거하는 것은 진정으로 중요한 일에 더 많은 시간을 투자할 수 있게 한다.

Delegate(위임): 다른 사람에게 맡기기

다음은 위임이다. 모든 일을 혼자서 하려는 욕심을 버리는 것이 필요하다. 자신이 반드시 해야 할 일인지 생각해 보고, 그렇지 않다면 신뢰할 수 있는 사람에게 맡기는 것이다. 이를 통해 자신이 갖고 있는 에너지를 더 중요한 일에 집중할 수 있게 한다.

Defer(연기): 적절한 시간에 배치하기

우선순위가 낮거나 지금 당장 할 필요가 없는 작업을 나중으로 미루는 것을 의미한다. "지금 이 일을 해야 하는가?"라는 질문을 던지고, 시급하지 않다면 차후에 더 효율적으로 처리할 수 있는 시간에 배치하는 것이다. 이를 통해 현재의 에너지를 최대한 활용할 수 있고, 중요한 일에 집중할 수 있다.

Do(실행): 즉시 처리하기

즉시 실행하는 것이다. 지금 당장 해야 할 일이라면 미루지 말고 바로 실행해야 한다. 신속하게 처리하고 넘어가야 하며, 머뭇거릴수록 시간은 길어진다. 작은 작업이라도 즉시 처리함으로써 '업무의 병목'을 방지하고, 효율적으로 업무를 진행할 수 있다.

다음은 시간의 속성을 필요 시간과 의미 시간으로 구분하는 방식이다. 필요 시간은 잠, 식사, 기본적인 업무 처리 등과 같이 삶과 생활의 유지를 위해 반드시 투자해야 하는 시간이다. 의미 시간은 개인의 성장이나 만족도를 높이는 것과 관련된 시간을 말한다.

이렇게 시간의 속성을 구분해 두고 필요 시간은 꼭 필요한 만큼만 구분하여 관리하면서 의미 시간의 비중을 확보하는 방식이다. 이는 자신의 시간을 의도적이고 계획적으로 활용하지 못하는 경우에 유용하게 활용할 수 있는 방식이다.

[그림 24] 시간의 속성 구분

필요 시간	의미 시간
• 생존을 위해 반드시 투자해야 하는 시간 • 잠, 식사, 기본적인 업무 처리 등	• 개인의 성장, 목표 달성, 삶의 만족도를 높이는 것과 관련된 시간 • 동료와의 소통, 독서, 운동, 자기 계발 등

마지막으로 '10분 해킹' 방법을 소개한다.

10분 해킹은 어떤 일이라도 10분만 해 보자는 접근 방식이다. 10분은 매우 짧은 시간으로 물리적·심리적으로 부담이 크지 않다. 하지만 일단 시작해 보고, 그것이 루틴이 되면 그 일에 대해 더 많은 시간을 할애하며 집중하게 된다.

후배 구성원과의 소통도 마찬가지다. 처음에는 한 달에 10분, 일주일에 10분, 하루에 10분식으로 자신의 시간을 후배 구성원과의 소통에 '10분 해킹'을 시도해 보는 것은 어떨까?

시간을 효율적으로 관리하며 후배 구성원과의 소통 시간을 확보

할 수 있는 몇 가지 방법에 대해 살펴보았다. 사실 물리적 시간 확보는 방법의 문제이기보다는 의지의 문제에 가까운 경우가 더 많다. 후배 구성원과 절대적인 소통의 시간을 늘려 나가는 것이 후배 구성원과의 협업을 확보하는 과정임을 유념해서 보기를 기대하며 소통을 강화할 수 있는 방법으로 '참여적 리더십 발휘'와 '리버스 멘토링'에 대해 살펴보자.

참여적 리더십

참여적 리더십은 의사결정 과정에서 조직 구성원들의 의견을 적극적으로 수렴하고, 그 의견을 반영하여 결정을 내리는 리더십 스타일을 의미한다. 참여적 리더십 스타일은 조직 구성원들의 참여를 장려하고, 의사결정에 직접 기여할 수 있도록 함으로써 조직 내 협업과 의사소통을 촉진하는 데 효과적이라고 알려져 있다.

참여적 리더십은 정기적인 회의, 일대일 면담을 구성원들과 활발하게 진행하고, 그 과정에서 주요 의사결정의 배경, 목적, 이유 등을 공유하며 구성원들의 이해 수준과 의견이 반영되는 정도를 높여 나갈 수 있다.

하지만 여러분도 느끼겠지만, 이러한 방식이 구성원들의 참여를 강화한다는 분명한 장점은 있으나 의사결정 속도가 저하되고, 모든 의견을 반영하기 어려워 조정 및 조율 과정에 많은 에너지가 소모되는 단점이 있다.

따라서 모든 영역에 대해 참여적 리더십을 발휘하는 접근보다는 참여적 리더십을 발휘하는 것이 효과적인 영역을 잘 분별하여 실행하는 것을 추천한다. 한 가지 팁을 말하자면 시급성은 낮으나 중요성이 높은 영역이다. 왜냐하면 이러한 영역의 업무는 충분한 시간을 두고 의미에 대해 탐구가 필요하므로, 참여적 리더십을 통해 후배 구성원들과 깊이 있는 소통을 진행하는 데 훨씬 더 적합하기 때문이다. 여러분의 고민에 참고가 되기를 바란다.

[그림 25] 중요도-시급성에 따른 적합한 리더십 스타일

중요도	높다	참여적 리더십 (Participative Leadership)	지시적 리더십 (Directive Leadership)
	낮다	위임적 리더십 (Delegative Leadership)	지원적 리더십 (Supportive Leadership)
		낮다	높다
		시급성	

리버스 멘토링

후배 구성원과의 소통 부족을 해소할 수 있는 방법으로 리버스 멘토링에 대해 살펴보자. 리버스 멘토링은 일반적인 멘토링과 반대로 젊고 경험이 적은 후배 구성원이 선배 구성원이나 상사를 멘토링하는 방식이다. 리버스 멘토링은 주로 최신 트렌드나 후배 구성원들의 가치관 및 관점을 더 잘 이해하기 위한 목적으로 활용한다. 리버스 멘토링을 통해 세대 간의 격차를 줄이고 선배-후배 구성원 간에 상호 이해와 존중을 바탕으로 소통을 강화하는 데 효과적이다.

그럼 리더스 멘토링을 효과적으로 진행하기 위해 고려해야 할 사항을 살펴보자.

첫째, 목표와 기대의 명확화

단지 후배가 선배를 멘토링하는 자리를 마련하는 것만으로 리버스 멘토링의 효과를 보기 어렵다. 리버스 멘토링을 진행하고자 한다면, 리버스 멘토링의 목표와 리버스 멘토링을 통해 기대하는 바를 사전에 명확히 정의하는 것이 필요하다. 멘토(후배)와 멘티(선배) 각자가 갖고 있는 명확한 목표와 기대치를 공유하고 합의하여 이 활동을 통해 무엇을 얻고자 하는지 명확히 해야 한다.

둘째, 정기성의 확보

코칭이나 멘토링 모두 일회성으로 그 효과를 보기 어렵다. 리버스 멘토링 역시 일회성이 아니라 정기적으로 선배와 후배가 만나 합의한 목표에 부합하는 주제를 여러 번에 걸쳐 진행하는 것이 중요하다. 정기적으로 만남을 갖는 것은 상호 간에 신뢰를 형성하고, 지속적으로 소통을 강화하는 데 효과적이라는 것을 기억하자.

셋째, 양방향 피드백

멘토링 세션 전·후에는 선·후배 각자가 배운 점, 느낀 점, 적용한 점, 개선할 점 등에 대해 소통하는 시간을 갖는 것을 추천한다. 멘토링을 통해 각자가 성장하고 실천하고 있다는 점을 서로에게 확인하는 과정을 통해 리버스 멘토링이 갖는 가치와 의미에 대해 공감할 수 있기 때문이다.

넷째, 디지털 도구의 활용

앞서 언급한 배운 점, 느낀 점, 적용한 점, 개선할 점 등을 대면으로 가볍게 정리하는 것도 중요하지만, 선·후배가 함께 볼 수 있는 디지털 공간에 정리하고 댓글, 이모티콘 등을 통해 의견을 좀 더 활발하게 공유하는 것을 추천한다. 대면으로는 오직 그 순간에만 내용을 공유할 수 있지만, 디지털 공간에 내용을 공유해 두면 각자가 생각나거나 필요할 때마다 시간과 장소에 구애받지 않고 회고해 볼 수 있는 장점이 있기 때문이다. 참고로 슬랙이나 팀즈 등의 도구를 활용하여 서로 간의 소통을 좀 더 효과적으로 촉진할 수 있다.

테크 기업 A사는 최근 빠르게 변화하는 디지털 트렌드에 발맞추기 위해 리버스 멘토링 프로그램을 도입했다. 이 프로그램의 목표는 경영진은 최신 트렌드와 젊은 세대의 관점을 이해하고, 젊은 직원들은 경영진과의 소통을 통해 리더십을 배우는 것이었다.

첫 번째 만남: 목표와 기대의 명확화

마케팅 박 그룹장은 20년 이상의 경력을 가진 베테랑이다. 그러나 그는 최신 소셜 미디어 플랫폼이나 디지털 마케팅 전략에 대한 이해가 부족하다고 느끼고 있었다. 반면, 마케팅팀의 신입사원인 소연 대리는 디지털 마케팅과 소셜 미디어에 다양한 경험과 지식을 가지고 있었다.

박 그룹장: 소연 대리, 요즘 소셜 미디어 트렌드에 대해 배워야 할 필요성을 느끼고 있어요. 리버스 멘토링 프로그램에 참여하게 되어 정말 기대가 큽니다.

소연 대리: 저도 많이 배울 기회라고 생각합니다. 저는 그룹장님께 비즈니스 전략이나 의사결정 방식에 대해 배우고 싶어요. 서로 배울 수 있는 좋은 기회가 될 것 같아요.

두 사람은 리버스 멘토링의 목표를 명확히 정리했다. 박 그룹장은 소셜 미디어 트렌드와 젊은 세대의 사고방식을 학습하고 싶어 했으며, 소연 대리는 경영진의 전략적 사고와 리더십을 배우고 싶어 했다.

정기적인 만남: 정기성의 확보

이들은 매달 한 번씩 정기적으로 만나기로 했다. 첫 번째 정기 미팅에서 소연 대리는 인스타그램과 틱톡 등 최신 소셜 미디어 플랫폼의 기능과 트렌드를 소개하며, 이를 비즈니스에 어떻게 활용할 수 있는지에 대해 논의했다.

박 그룹장: 소연 대리, 이 플랫폼들이 변화해 온 과정이 정말 흥미롭네요. 이 내용을 어떻게 우리 마케팅 전략에 반영할 수 있을지 곰곰이 생각해 봐야겠어요.

소연 대리: 저도 그룹장님과 이야기하면서 비즈니스의 큰 그림을 이해하게 되었어요. 특히 결정의 뒷면에 숨겨진 전략적 고려 사항에 대해 많이 배웠습니다.

피드백과 성찰: 양방향 피드백

매 세션 후, 박 그룹장과 소연 대리는 서로의 성과와 느낀 점에 대해 피드백을 주고받았다.

박 그룹장: 소연 대리, 오늘 배운 내용을 실제 마케팅 회의에서 바로 적용해 봤는데, 팀원들도 긍정적인 반응을 보였습니다. 정말 유익한 시간이었어요.

소연 대리: 그룹장님께서 제가 제안한 내용을 실제로 활용해 주시니 너무 기쁩니다. 저도 그룹장님 덕분에 회사에서 중요한 결정이 어떻게 내려지는지 더 잘 이해하게 되었어요.

디지털 도구의 활용: 효과적인 소통

박 그룹장과 소연 대리는 슬랙을 통해 주기적으로 소통했다. 그들은 세션에서 다룬 내용을 슬랙 채널에 정리하고, 그들이 직접 만든 커스 텀 이모티콘으로 상호 피드백을 나누었다.

박 그룹장: 소연 대리, 슬랙에 올려준 자료 정말 잘 봤어요. 덕분에 회 의 준비가 훨씬 수월했습니다.
소연 대리: 감사합니다, 그룹장님. 앞으로도 필요한 자료나 아이디어 가 있으면 언제든지 슬랙을 통해 공유하겠습니다.

효율적 시간 관리를 통한 물리적 시간의 확보, 후배 구성원의 참여 를 촉진하는 리더십의 발휘, 후배에게 배우는 리버스 멘토링 등 소통 의 부족 문제를 해소할 수 있는 방법에 대해 살펴보았다. 이러한 방 법 모두 선배나 상사가 후배 구성원과 소통하고자 하는 진정성 어린 태도와 의지 속에서 효과를 발휘할 수 있다는 점을 유념하며 다음 내 용을 살펴보자.

책임의 강화

앞서 책임의 부족을 야기하는 원인을 조직 시스템 차원과 개인 차 원으로 구분해서 살펴보았다. 후배 구성원과의 협업을 강화하기 위 한 '책임' 측면의 접근 역시 조직 시스템 차원과 개인 차원으로 구분해서 그 특성에 맞게 살펴보도록 하자.

조직 시스템 차원: 협업에 대한 책임을 강화하는 조직문화

다음 질문에 대해 먼저 답을 해 보자.

"우리 회사, 우리 부서는 협업 인센티브 시스템을 갖추고 있다고 생각하십니까?"

이 질문에 대해 (필자가 강의에서 만났던) 대부분의 구성원은 특별한 협업 인센티브 시스템이 있다고 느끼지 않는다고 답했다. 그러나 앞서 책임감 부족의 문제를 만들어 내는 구체적인 원인으로 언급했던 "책임질 만한 일을 모두 교묘하게 회피하며 겉으로 드러난 실적만을 낚아채는 사람에 대해 조직이 인정하고 보상하는 모습을 보인다"라는 명제에 대해서는 공감을 표하는 경우가 많다.

여러분의 조직도 이러한 상황이라면 여러분의 조직은 협업 인센티브 시스템을 갖추고 있지 못한 상태라고 볼 수 있다.

협업 인센티브는 책임을 다하는 구성원에게 가시적인 보상을 제공하는 인센티브 시스템을 의미한다. 이 시스템은 개인의 성과뿐만 아니라 팀 전체의 성과를 기반으로 보상을 제공하여 모든 구성원이 공동의 목표를 달성하는 데 책임감을 느끼도록 유도한다는 특징이 있다. 즉 나의 일을 문제없이 처리했거나 잘 해냈을 때 개인의 성과에 기반해 보상하는 것이 아니라, 조직 단위에서 목표로 했던 책임과 역할을 효과적으로 수행했을 때 보상한다는 의미이다.

잘 알겠지만, 일터에서 조직의 단위 규모가 커지면 R&R을 명확하게 수립한다고 하더라도 Gray Zone의 업무가 발생할 수밖에 없다. 그리고 Gray Zone 업무를 외면하지 않고 기꺼이 헌신적으로 해소하는 구성원이 있을 때 그 조직의 전체 성과는 훨씬 더 효과적으로 달성될 수 있다.

이러한 이유 때문에 협업 인센티브 시스템을 갖추고 있는 회사는 자신이 해야 할 역할을 충실하게 해내는 것뿐만 아니라, 조직 전체 차원의 공동 목표를 달성했을 때 보상한다는 원칙을 갖고 있다.

[그림 26] 조직 단위 규모의 증대에 따른 Gray Zone 업무의 증대

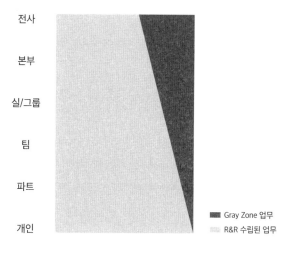

세계 Top 컨설팅펌의 협업 인센티브 시스템

전 세계 Top으로 손꼽히는 컨설팅 회사 A 사는 매우 복잡하고 다양한 프로젝트를 수행하는데, 이 과정에서 협업의 중요성을 매우 강조한다. A 사에서는 협업 인센티브 시스템을 통해 구성원들이 개별 성과뿐만 아니라 팀 전체의 성공에 기여하는 것을 강조한다.

Gray Zone에서의 책임 강화

A 사의 컨설턴트들은 고객의 다양한 문제를 해결하기 위해 여러 팀과 협업해야 한다. 이 과정에서 역할과 책임이 명확하지 않은 Gray Zone 업무가 발생하는 경우가 부지기수다. 예를 들어 특정 프로젝트에서 고객의 요구가 급변하거나 예상치 못한 문제가 발생할 때 사전에 정립해 둔 R&R에 속하지 않는 경우가 많다. 이러한 상황에서 A 사의 협업 인센티브 시스템은 중요한 역할을 한다. 구체적으로 어떤 시스템적 특징이 있는지 살펴보자.

협업 인센티브 시스템의 특징

• **팀 성과 중심의 보상:** A 사에서는 프로젝트의 성공을 개별 컨설턴트의 성과로만 측정하지 않고, 팀 전체의 기여도를 함께 평가한다. 즉 프로젝트 성공을 위해 각자의 역할뿐만 아니라, Gray Zone에서의 협업과 헌신도 보상의 중요한 요소가 된다는 의미이다.

• **다양한 평가 기준:** A 사는 성과 평가 시, 고객 만족도, 프로젝트의 목표 달성 여부, 팀워크 등을 종합적으로 고려한다. 특히, 어려운 상황에

서 Gray Zone을 적극적으로 해결하려고 노력한 컨설턴트들에게는 높은 평가와 보상이 주어진다.

• **성과 공유:** A 사의 협업 인센티브 시스템은 팀의 성공이 개인의 성공으로 이어진다는 철학을 기반으로 운영한다. 모든 팀원이 협업을 통해 얻은 성과를 공평하게 나누며, 개인의 공헌도에 따라 보상을 분배한다.

• **결과:** 이러한 시스템 덕분에 A 사는 구성원들이 각자의 역할을 충실히 수행하면서도 조직 전체의 성공을 위해 적극적으로 협력하게 된다. Gray Zone에서 발생하는 문제를 해결하려는 헌신적인 노력이 팀의 성과로 이어지고, 이는 다시 개별 컨설턴트들의 성과로 반영되는 식이다.

이 사례는 조직 전체가 공동의 목표를 달성하기 위해 어떻게 협업 인센티브 시스템을 효과적으로 운영할 수 있는지를 잘 보여준다. A 사의 사례는 협업과 책임을 강화하는 조직문화 구축의 좋은 본보기라고 할 수 있다.

협업에 대한 책임을 강화하는 조직문화의 두 번째 요소는 실패를 학습의 기회로 삼을 줄 아는 모습이다. 많은 조직이 실패 속에서 배워야 한다는 것을 강조하지만 실제 그것이 얼마만큼 이루어지는지는 다른 문제이다. 한 회사의 경영진이 매년 열리는 콘퍼런스에서 성공 사례만 다루지 말고, 실패를 적극적으로 공유하고 학습하는 세션을 갖자고 의견을 이야기했다. 경영진의 뜻이 전달된 만큼 사내에 다양한 실패 사례들이 다음 콘퍼런스에 공유될 것이라 기대했지만, 실패 사례로 접수되는 건은 단 한 건도 없었다. 그래서 각 본부의 본부장을 찾아가 이 상황에 대해 논의했더니 마지못해 적당한 수준의 실패 사례를 골라 보라는 지시를 하는 것이 아닌가? 그 기업의 문제인지, 한국 기업의 문화인지 판단하기 어렵다.

중요한 것은 경영진의 뜻과 무관하게 구성원들 사이에서는 '실패 사례 공유=개인의 실패, 성장 및 성공 기회의 박탈'로 여겨지고 있다는 점이다. 결국 이 문제는 개인의 의지만으로 해소할 수 없다.

여러분은 이 문제의 해소를 위해 조직 차원에서 어떤 노력을 해야 한다고 생각하는가?

가장 추천하고 싶은 방법은 C-level의 최고 경영자부터 자신의 경영상 실패 사례를 공유하고, 그 사례를 학습하여 사업이나 전략 방향을 개선해나간 사례를 꾸준하게 공유하는 것이다. C-level의 세션이 어느 정도 무르익고 나면 본부장 Level에서, 그 후에는 그룹장/실장 Level에서 이러한 활동이 이루어질 때 실패를 학습하는 조직의 문화가 제대로 정착될 수 있다.

인간은 기본적으로 불완전한 존재이기 때문에 지위 고하를 막론하고 누구나 과정에서 실패할 수 있다. 하지만 실패를 실패로 규정짓지 않고, 학습하고 배우며 또 다른 성장의 자양분으로 삼는 것이 성공한 삶을 사는 사람들이 보이는 공통적인 모습이다.

협업에 대한 책임을 강화하는 조직문화 조성은 그것을 장려하는 인센티브 시스템과 경영진의 모범적 실천을 통해 구현 가능하다는 점을 참고하며 자신의 조직에서는 어떤 노력을 기울이고 있는지 고민해 보기 바란다.

참고

실패와 관련된 기업의 사례

'실패'를 다루는 다양한 기업들의 사례를 조사하던 중 〈한경 Business〉에서 실패를 권장하는 기업, 실패를 기억하는 기업, 실패를 통해 성공한 기업을 정리한 내용이 있어 간단하게 소개한다. 시기적으로 조금 지난 사례이기는 하나 기업이 실패를 어떻게 관리해야 하는지에 대해 좋은 참고 자료가 될 것이라고 생각한다.

1. 실패를 권장하는 기업
- 현대카드: '논리적 실패'에 대해 책임을 묻지 않는 대신 아무런 아이디어를 내지 않는 리더는 퇴출
- 3M: '실패 파티'를 통해 좌절하지 않고 지속적으로 도전할 수 있도록 격려
- BMW: '아킬레스' 가명 창의적인 실수성 성공한 보상
- 마크 연구: 개발에 실패한 사람들에게도 인센티브 제공

2. 실패를 기억하는 기업

- **GE:** 실패 정보 DB를 50년 넘게 운영, 사례들을 모아 정기적으로 관련 사례집으로 만들어 냄
- **실리콘밸리 기업:** 마이크로소프트 공동 창업자 크리스 드립프, 아이어웨어 창업자 조 지바이 등 성공 창업자들의 '번지 사업'들은 실패 콘퍼런스를 열거나 FailCon을 통해 실패 경험을 공유
- **아하스트레티지코:** 수십 년 동안 실패한 저항 약 13만 점을 '실패 박물관'에 전시

3. 실패를 통해 성공한 기업

- **3M의 포스트잇:** 1970년 자사 연구진이 실패한 접착제를 재활용한 후 포스트잇을 개발
- **애플의 아이폰:** 기존의 휴대전화 생산 업체들이 OS와 앱을 활용하는 데 실패한 사례를 분석하여 동일 기업의 트렌드를 개발한 후 2007년 아이폰을 출시

개인 차원: 협업에 대한 책임을 강화하는 조직문화

멘탈 모델은 개인이 세상을 바라보는 방식, 자신을 인식하는 방식, 그리고 상황에 반응하는 방식을 의미한다. 적합한 멘탈 모델을 가진 사람은 자신과 주변에 대해 더 긍정적이고 능동적인 태도를 취할 수 있다. 두려움과 실패 회피, 자신감 부족 등과 관련된 문제를 해결하기 위해 각자의 멘탈 모델을 전환해 볼 수 있는 몇 가지 방법을 살펴보자.

첫째, 성장 마인드셋Growth Mindset

책임을 회피하는 심리를 가진 사람들은 실패를 피하고 완벽함을 유지하려는 고정된 사고방식의 소유자라고 할 수 있다. 이러한 사람들은 실패를 학습의 기회로 보는 성장 마인드셋이 필수적이다. 실패가 곧 배움과 성장의 발판이고 이를 통해 더 나은 결과를 얻을 수 있다는 인식을 가져야 한다는 의미이다.

어떤 실패나 어려운 상황에 처할 때마다 "이 경험을 통해 내가 무엇을 배울 수 있을까?"라는 질문을 스스로에게 던져 보는 데서 출발해야 한다. 그리고 성공한 사람들의 결과론적 성공에만 집착하지 않고 그들이 성공을 이루는 과정에서 어떤 실패의 순간을 만났고, 어떻게 극복했는지에 좀 더 초점을 두고 학습하며 나의 경험에 적용해 보는 것도 효과적이다.

실패를 도전과 학습의 기회로 삼는 과정을 거쳤다면 다음은 내가 기울인 노력의 가치에 대해 스스로 인식을 강화하는 접근이 필요하다. 이때 결과보다는 노력에 초점을 맞추고, 작은 진전이라도 있었다면 그 진전에 대해 스스로를 칭찬하는 활동을 추천한다. 자신에게 긍정적인 메시지를 전달하는 자기 대화는 "나는 이 일을 해낼 수 있어", "이번엔 어렵겠지만, 시도해 볼 가치가 있어"라는 식으로 자신을 지속적으로 격려하게 만들기 때문이다. 그리고 이러한 자기 대화는 어려운 상황에서 포기하지 않고 계속 도전하는 데 큰 도움이 된다.

마지막으로 목표를 세분화하는 것도 성장 마인드셋을 강화하는

데 유용한 방법이 될 수 있다. 실행 과정에서 실패가 있더라도 목표를 세분화함으로써 실패를 성공으로 향하는 하나의 과정으로 인식할 수 있기 때문이다.

둘째, 리프레이밍Reframing

멘탈 모델을 전환해 볼 수 있는 두 번째 방법은 자신의 상황을 리프레이밍하는 것이다. 실패할 가능성이 있는 일에 대해 도전하고 책임 지는 과정을 나의 성장 기회로 리프레이밍을 하는 것이다. 리프레이밍은 작은 단위의 일부터 성장과 성공의 기회로 인식하는 연습을 해 보는 것이 중요하다. 작은 단위의 일에서 실패하더라도 타격이 크지 않기 때문이다. 그 과정이 익숙해지면 점점 더 큰 단위의 일로 확대해 가며 리프레이밍 방식을 스스로 내재화해 나갈 수 있다. 이 과정이 성공적으로 이루어지면, 큰 책임을 맡는 것에 대해 회피나 두려움의 감정은 줄어들고 자신감이 강화될 수 있다.

리프레이밍 Tips

1. 긍정적으로 생각해 보기

다음 상황에 대해 긍정적으로 생각해 볼 수 있는 자신만의 내용을 기입해 보세요.

1) 알람이 울리지 않았습니다. 늦잠을 잤습니다.
⇨

2) 욕실에서 발을 헛디며 넘어질 뻔했습니다.
⇨

3) 급하게 옷을 입다가 단추가 뜯어졌습니다.
⇨

4) 지하철을 간발의 차로 놓쳤습니다.
⇨

5) 사람이 너무 많아 엘리베이터를 탈 수 없네.
⇨

1) 알람이 울리지 않은 덕분에 아침잠을 오랜만에 즐겼네.
2) 넘어지지 않을 것을 보니 오늘 좋은 일이 있겠네.
3) 단추가 뜯어진 것을 보니 오늘 액땜을 제대로 했네.
4) 다음 지하철은 사람이 좀 적게 타고 올지도 모르잖아.
5) 평소 운동이 부족했는데 계단으로 올라가면 건강해지겠네.

상황은 달라지지 않는다. 하지만 그 상황을 바라보는 내 인식을 긍정적으로 바꾸려 노력하는 것만으로 부정적 감정이 최소화된다.

2. 멋지게 보이려 억지로 꾸미지 않는다: 목적에 맞게 의식적으로 활용하기

1) 나의 감정과 느낌을 객관적으로 살펴보기
2) 부정적인 감정이나 느낌은 있는 그대로 받아들이기
3) 부정적인 감정, 느낌을 유발한 상황에 리프레이밍 적용하며 균형 잡기
4) 분석하고 나에게 적절한 단어 적용하기

   ex. 나는 할 수 없어. ⇨ 나는 '아직' 할 수 없어.

   현재 상황이 너무 화가 난다. ⇨ 혹시 나에게 어떤 기회가 오려는 것인가?

   보고서가 계속 거절당한다. ⇨ 나는 지금 훈련 중이다. 좋은 프로젝트로 가는 과정의 마지막 단계 훈련이다.

셋째, 자기 효능감^{Self-efficacy}

멘탈 모델을 전환해 볼 수 있는 세 번째 방법은 자기 효능감의 강화이다. 스스로에 대한 믿음을 키우고, 외부 시선이나 평가보다 자신 내면의 기준과 목표에 집중하는 것이다. 내적 동기에 기반하지 않는 경우 보통 외부의 평가나 비난에 대한 두려움에 기반한 행동을 하기 십상이다. 자신의 가치관과 목표는 무엇인지, 자신의 기준에 따라 행동하고 판단하는 과정을 반복함으로써 자기 효능감을 강화해 나갈

수 있다. "남에게 나의 가치와 수준을 평가하게 하지 말자"라는 명제를 기억하며 본인 내면에 집중하는 방식을 여러분도 실천해 보기 바란다.

실패의 비율을 미리 정해 두기

조직 차원의 협업 문화 조성이나 개인의 협업에 대한 책임감을 강화하는 공통 방법으로 언급하고 싶은 사항이 있다. 바로 '실패의 비율을 미리 정해 두기' 방식이다.

완벽을 노리기보다는 시작할 때부터 위험을 감수하고자 하는 것이다. 다만, 그 위험의 빈도나 비중을 미리 설정해 둔다. 이미 실패하고자 하는 비율을 정해두었기 때문에 실패에 대한 회피, 두려움 등의 심리를 관리할 수 있다.

아이들이 중요한 시험을 볼 때 모습을 생각해 보자. 많은 부모가 긴장하지 말고 시험을 잘 보라고 격려한다. 그러면서 눈빛에는 꼭 다 맞아야 한다는 간절한 눈빛을 보인다.

하지만 만점을 맞았으면 좋겠다는 간절한 눈빛보다 아이에게 실패의 비율을 제시하는 것이 아이의 긴장감을 누그러뜨리는 데 더 효과적이다.

"3개까지는 틀려도 네가 가고 싶어 하는 곳은 충분하니깐 3개까지 틀려도 돼. 그러니 3개는 틀려도 된다는 여유 갖고 시험 봐라. 파이팅!"

일터에서도 마찬가지다. 적절한 실패의 비율을 미리 할당하는 것은 책임감을 강화하는 데 훨씬 더 효과적이다.

"두 번은 반려당해도 돼."
"두세 개쯤은 실수해도 돼."

이 간단한 실패 비율 정하기가 실패에 당당하게 맞서게 하고, 실패에 당당하게 맞서는 태도는 자신의 일에 대한 책임을 강화한다. 조직 차원의 협업 문화를 조성하거나 협업에 대한 책임감을 강화하고 싶다면 잊지 말자, 실패의 비율을 미리 정해 두는 것을.

16

유관부서와 협업 시
겪을 수 있는 문제

부서 간 협업은 조직이 유기적으로 운영되기 위한 필수 요소이다. 하지만 많은 조직에서 부서 간 협업이 어려움을 겪는다. 단위 조직 내에서는 상호 간의 소통이나 조율이 용이하지만, 부서와 부서 간에는 이해관계나 입장 등이 담당하는 기능 역할에 따라 대립하는 경우가 많기 때문이다.

구체적으로는 목표의 상충, R&R의 모호함, 프로세스의 부재, Gray Zone의 부정적 영향 등을 구체적인 요인으로 들 수 있는데, 부서 간 협업에서 겪는 문제를 한 단어로 요약한다면 '모호함'일 것이다(상사와의 협업 이슈는 '불일치', 후배와의 협업 이슈는 '부족', 유관부서와의 협업 이슈는 '모호함'으로 쉽게 기억할 수 있게 하고자 함이다). 유관부서와 협업 시 겪을 수 있는 문제를 이 네 가지 측면에서 먼저 살펴보자.

목표의 모호함

회의실에 영업팀과 재무팀이 모여 있다. 영업팀의 민수 팀장은 이번 분기 매출 목표 달성을 위해 할인 프로모션을 제안하고 있다. 재무팀의 은정 팀장은 이에 대해 우려를 표명하고 있다.

민수(영업 팀장): 이번 분기 목표를 달성하려면, 대형 고객들에게 추가 할인을 제공해야 합니다. 지금이 아니면 매출을 끌어올릴 기회가 없습니다.

은정(재무 팀장): 민수 팀장님, 할인 프로모션으로 매출이 늘어나는 건 이해하지만, 그렇게 되면 이익 마진이 크게 줄어들 겁니다. 우리 회사는 이미 이익률이 압박을 받고 있어요.

민수: 하지만 이 기회를 놓치면 다른 경쟁사에게 고객을 뺏길 가능성이 큽니다. 당장의 매출이 중요합니다.

은정: 매출이 늘어나도 이익이 감소하면 장기적으로 더 큰 문제가 될 수 있습니다. 저는 회사의 재무 건전성을 유지하는 것이 더 중요하다고 생각합니다.

민수: 물론, 재무 건전성도 중요합니다. 하지만 지금 시장 점유율을 잃으면 회복하기 어렵습니다. 고객을 유지하는 것이 우선 아닐까요?

은정: 그래도 할인 폭을 줄이거나 다른 비용 절감 방안을 함께 논의해볼 필요가 있습니다. 장기적인 관점에서 접근해야 합니다.

사례 2

제품 출시를 앞두고 마케팅팀과 제품 개발팀이 출시 일정을 놓고 회의 중이다. 마케팅팀의 수연 팀장은 빠른 출시를 주장하고 있고, 제품 개발팀의 정훈 팀장은 더 많은 개발 시간이 필요하다고 주장한다.

수연(마케팅 팀장): 경쟁사가 비슷한 제품을 곧 출시할 예정입니다. 우리가 출시를 늦추면 시장에서 주도권을 잃을 수 있어요. 다음 달 초에 출시하는 게 가장 이상적입니다.

정훈(제품개발 팀장): 수연 팀장님, 아직 몇 가지 중요한 기능 테스트가 끝나지 않았습니다. 지금 출시하면 제품에 문제가 생길 가능성이 큽니다.

수연: 물론 품질도 중요하지만, 시장 점유율이 걸려 있습니다. 지금 출시하지 않으면 기회를 잃을 수 있어요.

정훈: 저도 시장 선점의 중요성을 이해합니다. 하지만 결함이 있는 제품을 출시하면, 오히려 고객의 신뢰를 잃을 위험이 있습니다. 완성도를 높이기 위해 한 달 정도는 더 필요합니다.

수연: 그렇다면 최소한 가장 중요한 기능만이라도 확실하게 준비된 상태에서 출시할 수 있는지 검토해 봅시다. 마케팅 일정은 조정할 수 있지만, 경쟁사의 움직임을 주시해야 합니다.

정훈: 그렇다면 우선순위를 다시 정하고 가능한 부분부터 빠르게 준비해 보겠습니다. 하지만 품질을 놓치지 않는 선에서요.

사례 3

인사팀과 운영팀이 워라밸 향상 프로그램 도입을 두고 토론 중이다. 인사팀의 혜진 팀장은 유연 근무제 도입을 제안하고, 운영팀의 영진 팀장은 이에 대해 반대 의견을 제시한다.

혜진(인사 팀장): 직원들의 워라밸을 개선하기 위해 유연 근무제를 도입하려고 합니다. 이렇게 하면 직원들의 만족도와 충성도가 올라갈 거예요.

영진(운영 팀장): 혜진 팀장님, 유연 근무제가 도입되면 현장에서의 업무 효율성이 떨어질까 걱정됩니다. 특히, 생산 라인에서는 일정한 근무 시간이 중요합니다.

혜진: 저도 운영 효율성에 대해서는 고려하고 있습니다. 하지만 일부 부서에서 시범적으로라도 유연 근무제를 도입해 보면 어떨까요? 성과를 평가한 후, 확대 여부를 결정할 수 있습니다.

영진: 시범 도입은 가능하지만, 저희 쪽에서 직원들이 제대로 일할 수 있도록 철저한 계획이 필요합니다. 업무가 지연되지 않도록 조정할 수 있어야 합니다.

팀과 팀이 각자 갖고 있는 목표가 상충하며 갈등이 벌어지고 있는 일터의 상황들을 먼저 살펴보았다. 아마 여러분도 일터에서 흔하게 경험하는 상황일 것이다. 그만큼 목표의 모호함으로 인해 부서와 부서 간 협업이 원활하게 이루어지지 않는 경우가 많다는 점이다.

각 부서는 조직의 전체 목표에 기여하는 동시에 자신만의 구체적인 목표를 가지고 있으며, 이로 인해 다른 부서와의 목표가 충돌하는 상황이 발생한다. 이익과 매출의 충돌, 서비스 만족과 비용의 충돌, 품질과 속도의 충돌 등과 같이 양립할 수 없어 보이는 것들이 충돌을 만들어 내는 구체적 예다.

이러한 문제는 어떤 원인으로 발생하게 되는 것일까?

첫째, 조직 구조에 따른 부서 간 목표 충돌

조직은 일반적으로 기능 조직, 사업부 조직, 매트릭스 조직 등의 구조로 운영된다. 그 구조가 무엇이든 간에 일반적으로 조직의 구조는 개별 팀이나 부서가 속한 상위 조직의 목표 달성을 위한 세부 목표들로 구성되어 각 부서가 상위 조직의 목표를 우선시하게 만든다. 그리고 개별 조직이 추구해야 할 우선순위는 이에 기반하여 수립되고 결정된다. 각 부서가 자신의 우선순위에 따라 목표에 집중하게 되면, 자연스럽게 다른 부서의 목표와 충돌할 가능성이 커진다.

예를 들어, 생산부서는 매출 증대가 최우선 목표이기 때문에 생산 속도를 높이는 데 집중할 것이다. 그러나 전사 품질 부서에서 품질 검증을 이유로 생산 속도를 늦출 것을 요청한다면, 생산부서와 품질 부서 간의 목표 충돌이 발생할 수 있다. 이는 특정 부서의 문제이기 보다는 조직 구조에 따른 필연적인 결과로 발생하는 문제이다.

둘째, 목표 설정 및 합의 과정의 불일치

조직이 목표를 설정하는 과정에서 전체 전략과 목표가 일관되지 않으면, 부서 간 불일치가 발생한다. 예를 들어, 전사 목표가 [세계 1등 품질의 가치 구현]인데, 어떤 사업부에서 '매출 극대화를 위한 생산 공정 효율화'를 목표로 반영하는 모습을 상상해 볼 수 있다. 정렬되지 않은 목표 설정의 모습이 벌어지는 이유는 각 단위 조직에 전달하고 합의하는 과정에서 목표가 왜곡되거나 다르게 해석될 수 있고, 이를 효과적으로 합의하고 조정할 수 있는 시스템이 부재하기 때문이다.

셋째, 평가 및 보상 시스템

부서 간 목표 상충의 주요 원인 중 하나는 평가 및 보상 시스템의 문제이다. 각 부서가 자신의 목표를 달성하는 데만 초점을 맞추도록 설계된 보상 시스템은 부서 간 협력을 저해할 수 있다. 예를 들어, 앞의 생산부서가 사업부의 매출 목표에만 기반하여 평가를 받는다고 생각해 보자. 이 경우 품질이 약간 저조하더라도 사업부의 매출 목표가 달성된다면 높은 평가와 보상을 받는 식으로 평가 및 보상 구조가 설계될 것이고, 이는 곧 부서 간 상호 협력을 어렵게 만든다.

상충되는 목표를 유발하는 구체 원인은 조직 구조 및 시스템 측면에서 대부분 유발한다는 점을 유념하며 부서 간 협업을 저해하는 R&R 측면의 구체적인 원인을 살펴보자.

R&R의 모호함

조직이 성장하거나 변화할 때, 새롭게 만들어진 역할이나 기존 역할의 재정의가 명확하지 않으면, 구성원들 간의 혼란이 초래된다. 두 개 이상의 부서가 동일한 업무를 동시에 처리할 수 있고, 반대로 중요한 업무가 누락되는 상황이 벌어질 수 있다는 의미이다. 이는 R&R이 모호해서 발생하는 문제인데, 구체적인 원인들을 살펴보자.

첫째, 권한과 책임의 불일치

부서 간 협업에서 의사결정 권한이 명확하지 않으면, 최종 책임이 누구에게 있는지 불분명해져 의사결정이 지연되고 실행에 문제가 발생할 수 있다. 사례를 통해 구체적인 모습을 살펴보자.

민호(개발팀 팀장): 이번 주에 예정된 제품 시연회에 맞춰 모든 기술적인 부분은 마무리되었습니다. 이제 마케팅팀에서 최종 프레젠테이션 자료만 준비해 주시면 됩니다.

지은(마케팅팀 팀장): 잠깐만요, 민호 팀장님. 시연회에서 어떤 메시지를 강조할지에 대해 최종 결정을 아직 못 내렸잖아요. 우리가 준비한 자료는 기술적 측면에만 집중되어 있는데, 제품의 핵심 가치를 어떻게 전달할지에 대한 논의가 더 필요합니다.

민호: 그 부분은 마케팅팀에서 결정하셔야죠. 우리는 이미 개발을 완

료했고, 시연회 준비는 마케팅팀의 책임이 아닙니까?

지은: 물론 마케팅팀이 제품의 가치를 전달하는 역할을 하지만, 이번 프로젝트는 우리가 단독으로 결정할 수 있는 사안이 아니에요. 개발팀도 함께 논의하고 의사결정을 내릴 필요가 있다고 생각합니다.

민호: (불만스러운 표정으로) 지은 팀장님, 저희는 기술적 요구사항을 잘 충족하면 된다고 생각합니다. 마케팅 메시지는 마케팅팀의 전문 영역입니다. 우리가 왜 그 부분에 개입해야 하죠?

지은: (단호하게) 프로젝트의 성공 여부가 걸린 중요한 부분입니다. 마케팅의 최종 메시지가 제품의 기술적 특징과 어떻게 조화를 이룰지 결정해야 합니다. 만약 메시지가 기술과 맞지 않으면 시연회에서 실패할 수 있습니다.

민호: (목소리를 높이며) 그렇다면 우리 팀이 왜 이 프로젝트의 마지막 단계에서 책임을 떠안아야 하는 거죠? 처음부터 마케팅팀에서 전체 메시지와 방향성을 주도했어야 하지 않나요?

지은: (답답한 표정으로) 우리가 최종 결정을 내려도 되지만, 프로젝트의 성격상 모든 부서가 책임을 분담해야 하는 상황이라고 생각합니다. 권한이 명확하지 않으니 지금처럼 계속 지연되고 있잖아요.

둘째, 극단적 리더십의 상태(공백 또는 과도한 통제)

리더십의 주체가 명확하지 않으면, R&R의 모호함은 더욱 커진다. 결국 조직은 리더의 통제 속에서 운영되기 때문이다. 그런데 결정하고 지시해야 할 리더십의 주체가 불명확하면 R&R에 대한 명확성이 떨어질 수밖에 없다. 또 다른 한편으로 여러 명의 리더가 지나치게 개입할 때도 R&R의 모호함이 발생한다. 이러한 상황은 특히 협업을 진행 중인 부서 간에 나타나게 되는데, 앞서 살펴본 개발팀과 마케팅팀의 사례를 통해서도 확인할 수 있다. 각자가 같은 권한(힘)으로 팽팽하게 본인이 맡은 역할 중심으로 대립할 때 R&R의 명확성은 떨어지고 실무 현장에서는 혼란이 가중될 수 있다.

프로세스의 모호함

건강한 재료와 저렴하고 간편하게 섭취할 수 있는 장점 덕분에 김밥이 미국, 중동, 유럽 등 세계 각지에서 큰 인기를 끌고 있다. 김밥의 인기 덕분에 한국에 여행 온 외국인 친구와 함께 김밥 전문점에 간 적이 있다. 오픈된 공간에서 김밥을 말아 포장하는 과정을 친구가 매우 흥미롭게 지켜봐서 그 프로세스를 하나씩 설명해 줬던 기억이 난다.

김밥에 필요한 재료를 미리 구매해 두고, 가게 오픈 전에 김밥을 즉석에서 쌀 수 있게 당근, 계란, 햄 등을 볶아 준비해 둔다. 그리고 주문이 들어오면 주문 수량만큼 김밥을 말고, 참기름을 바른 후 예쁘게 썰어 용기에 담아 준다.

이를 프로세스로 구성해 보면 [그림 27]과 같이 표현할 수 있다.

[그림 27] 김밥집의 업무 프로세스

단계	활동	아웃풋
재료 구매	• 김밥에 필요한 재료를 판매하는 곳을 확인한다. • 김밥에 필요한 재료를 구매한다.	재료 판매처 김밥 재료
재료 및 도구 준비	• 김밥을 쌀 수 있게 재료들을 준비한다. (당근 볶음/밥 취사/재료 자르기 등) • 김밥을 말 수 있는 도구를 준비한다.	김밥을 쌀 수 있게 손질된 재료, 김밥을 말 수 있는 도구
주문 확인	• 주문이 들어온 김밥 메뉴를 확인한다. • 주문 들어온 양을 확인한다. • 먹고 가는지, 포장하는지 확인한다.	주문 확인 시스템 (주문 확인서)
제작 및 제공	• 김밥을 싼다. • 먹고 가는 김밥은 접시에 담아 낸다. • 포장하는 김밥은 포장 용기에 담아 낸다.	완성된 김밥 (매장 취식용/포장용)

그림의 프로세스 중 특정 단계나 활동, 아웃풋 중 하나라도 제대로 이루어지지 못하면 김밥 판매가 어려워지는 것처럼 프로세스는 업무가 안정적이고 일관성 있게 수행되도록 돕는 체계적 절차라고 할 수 있다. 따라서 부서 간 협업이 원활하게 이루어지지 못하는 곳에는 효과적인 협업 프로세스가 부재한 경우가 대부분이다.

효과적인 협업 프로세스가 부재하게 되는 주요 원인은 프로세스가 지향하는 활동 방향과 구체적인 내용이 명확하지 않기 때문이다. 이는 프로세스의 각 단계에서 다음 단계로 진행하는 것을 결정하는 '기준'이 없어서 발생하는 경우가 많다. 각 단계에서 다음 단계로 넘어갈지 여부를 판단할 수 있는 명확한 기준이 있을 때 각 부서는 자신이 수행해야 할 역할, 그 역할 수행 시 기울여야 할 노력의 정도 등을 인식할 수 있기 때문이다.

예를 들어, 김밥집에서 '하루 700인분의 재료를 신선하게 공급할 수 있는 곳'으로 재료 판매처에 대한 선정 기준을 명확히 마련해 두고 있는 것과 그런 기준이 마련되어 있지 않은 것은 구매부서의 거래처 선정에 큰 차이를 야기할 수밖에 없다.

참고로 상품기획 직무에서는 Cooper(쿠퍼) 박사의 Stage-Gate 모델을 상품기획 프로세스로 많은 기업이 활용하고 있다. Stage-Gate 모델은 상품기획 프로세스의 각 단계^{Stage}와 단계별 판단 기준을 정의해 둔다. 그리고 각 단계별로 Gate Review 운영을 통해 다음 단계로의 GO, NO-GO를 결정하는 식으로 운영하는데, 조직 운영 현장에서 프로세스 운영의 불명확성을 줄이는 방법으로 참고해 볼 만하다.

Gray Zone의 모호함

마지막으로 부서 간 협력을 저해하는 대표 원인으로 Gray Zone에 대해 살펴보자. Gray Zone은 상사-후배 간 협업에서뿐만 아니라, 조직 간 협업에서도 빠지지 않는 중요한 키워드다. 그만큼 협업의 성패를 좌우하는 핵심 요인이라고 할 수 있다.

부서 간 Gray Zone이 발생하게 되는 원인으로 부서 간 R&R 정의의 불명확성, 부서 간 의사소통의 미활성화와 같이 앞서 상사-후배 구성원 간 협업 이슈에서 살펴봤던 내용과 중복되는 것은 생략했다. 이제 부서 간 협업에서 특히 중요한 Gray Zone의 원인을 살펴보자.

첫째, 권한의 중앙 집중화

조직 내에서 의사결정 권한이 일부 부서나 특정인에게 집중되면 부서 간 Gray Zone이 쉽게 발생할 수 있다. 하위 부서들은 독립적으로 의사결정을 내리기 어렵다. 그래서 Gray Zone이 발생하더라도 권한을 가진 이의 지시가 있을 때까지 문제를 해결하려는 움직임을 보이지 않을 가능성이 크기 때문이다.

예를 들어, 프로젝트 진행 중 고위 경영진의 승인이 필수적인 상황을 가정해 보자. 이로 인해 마케팅 부서와 영업 부서가 제품 프로모션을 진행하려 할 때, 구체적인 권한이 불명확해지기 쉽다. 프로모션 예산 배분, 메시지 결정, 캠페인 시기 조정 등의 중요한 결정이 경영진의 승인을 기다리며 지연된다. 결과적으로 두 부서가 협력하여 해결해야 할 Gray Zone은 오히려 확대되는 상황이 발생할 수 있다.

둘째, 상위 조직과 하위 조직의 목표 및 전략의 불일치

각 부서가 자신의 목표와 전략을 독자적으로 설정하고 추진하는 상황을 생각해 보자. 이러한 경우 각 개별 부서의 목표와 전략은 전체 조직의 목표, 전략과 일치하지 않는 경우가 발생할 가능성이 크다. 전체 조직의 목표가 정렬되지 않은 채 각 부서가 자신의 목표와 전략만을 바라보고 있으니 조직 내에 Gray Zone이 발생하며, 부서 간 협력의 효과성은 현저히 낮아질 수밖에 없는 것이다.

결국 부서 간 Gray Zone을 유발하는 핵심은 권한과 정보의 집중, 그리고 조직 목표의 불일치에 있다. 이러한 요소들이 조화를 이루지 못하면 협업의 효과는 크게 저하될 수밖에 없다.

17

협업의 고수는 부서 간 협업 시
모호함을 관리한다

부서와 부서 간 협업이 원활하게 이루어지지 못하는 원인을 모호함이라는 키워드를 기반으로 목표, R&R, 프로세스, Gray Zone 네 가지 요소를 중심으로 살펴보았다. 앞서 살펴본 요소별로 어떤 활동을 통해 부서와 부서 간 협업을 촉진해 나갈 수 있을지에 대해 살펴보자.

목표 설정 및 관리 체계 설계

부서 단위는 철저하게 본인들이 수립한 목표와 평가 잣대에 따라 움직인다는 현실을 고려할 수 있어야 한다. 이러한 현실을 고려했을 때 목표 설정 단계에서 부서와 부서 간 협업이 요구되는 과업에 대해서는 철저하게 상위 조직의 목표에 기반해서 목표를 설정하고 공유할 수 있어야 한다. 즉 목표를 상위 조직의 목표에 기반하여 공유해야 한다는 의미이다.

공동 목표 설정은 평가 보상 구조와 연동함으로써 부서와 부서 간의 협력을 촉진할 수 있다. 이를 실무 현장에서 활용해 볼 수 있는 몇 가지 방법을 소개한다.

첫째, 부서 간 협업 건의 상위 목표 연계비율 및 인식도 관리

상위 목표 연계율은 각 부서의 목표가 상위 부서의 목표와 얼마나 일치하는지 측정하는 것이다. 각 부서의 목표를 취합해 보고, 부서와 부서 간 협업이 요구되는 목표가 상위 부서의 목표와 연계된 정도를 측정해 볼 수 있다.

계산은 '(상위 부서 목표와 일치하는 부서 목표 항목 수÷전체 협업이 요구되는 목표 항목 수)×100'과 같은 식으로 점검해 볼 수 있다. 조직마다 이 지표를 꾸준히 관리하며 부서와 부서 간 협업이 잘 이루어지고 있는지 모니터링하며 관리하고 지원하는 데 활용할 수 있다.

다음 [표 10]은 상위 목표에 대한 인식도이다. 부서와 부서 간 협업이 요구되는 과제에 대해 각 부서의 구성원들이 과업과 관련된 상위 부서의 목표를 얼마나 잘 이해하고 있는지 간단한 설문 조사로 평가하는 것이다. 5점이나 7점 척도로 '(협업 과제와 관련된) 상위 부서의

[표 10] 부서 간 상위 목표 연계율(예시)

부서명	부서 목표 항목	부서 간 협업 필요 여부	상위 부서 목표와의 연계 여부	연계 비율(%)
부서 A	목표 1	X		
부서 A	목표 2	O	X	0
부서 B	목표 1	O	O	100
부서 B	목표 2	O	X	0
전체 합계		3	1	33

주요 목표와 방향을 이해하고 있다'에 대한 인식도를 측정할 수 있다. 그리고 실제 협업 과제에서 성과가 좋은 부서와 그렇지 못한 부서 간의 구성원 인식도 비교를 통해 이 인식도를 강화하는 것이 부서와 부서 간 협업에 있어 타당한지, 그 적정 수준은 어느 정도인지에 대해 조직 내부 상황에 맞춰 정립할 수 있다.

둘째, 부서 간 성과 공유 정도와 효과성 측정

부서 간 협업 과제에 대해 진행 과정이나 성과를 정기적으로 공유하는 회의, 보고서의 빈도를 측정하는 방식이다. 예를 들면, '(부서 간 성과 공유 회의, 보고서 횟수÷월 또는 분기)×100'과 같은 계산 방식을 통해 서로 간의 공유 정도를 측정하고 관리할 수 있다.

또 다른 방법은 성과 공유에 대한 효과성을 평가하는 것인데, 부서 간 협업이 업무 성과에 미치는 영향에 대해 구성원들의 인식을 조사하는 것이다. 예를 들어, "다른 부서와의 성과 공유가 우리 부서의 목표 달성에 긍정적인 영향을 미쳤습니다"와 같은 항목에 대해 5점이나 7점 척도를 활용하여 조사하여 성과 공유 활동의 타당성과 적정 수준에 대해 정립해 나갈 수 있다.

마지막으로 공유 성과 반영률도 고려해 볼 수 있다. 다른 부서와 공유한 피드백이나 성과가 실제 업무 수행 과정에 얼마나 반영되었는지 정도를 평가하는 것이다. 예를 들면, '(공유한 피드백이나 성과가 반영된 수÷공유받았던 전체 피드백 및 성과 수)×100'과 같은 식으로 정리하여 활용할 수 있다.

[표 11] 부서 간 공유 정도 및 반영 수준 관리(샘플)

구분	부서명	공유한 피드백/아웃풋	공유받은 피드백/아웃풋	공유 Gap	공유받은 사항 중 업무에 반영한 수	반영률(%)
협업 과제	부서 A	2	1	1	1	100
	부서 B	3	4	-1	2	50
	부서 C	2	2	0	1	50
	합계	7	7	0	4	57

소개한 몇 가지 관리 지표는 조직 내부 상황에 맞춰 업무의 효율을 지나치게 떨어뜨리지 않는 선에서 선택적으로 활용하는 것을 추천한다. 다만, 조직에서 이와 같은 관리 지표를 개발하여 조사하고 측정하는 행위만으로 현장의 단위 조직은 부서와 부서 간 협업이 갖는 가치에 대해 기존과 다른 인식을 갖는 것만큼은 분명하다.

부서 간 R&R의 명확성을 높여주는
RACI 매트릭스

RACI 매트릭스는 프로젝트 역할과 책임을 정의하고 문서화하는 프레임워크다. RACI는 1950년대에 '결정권 매트릭스'라는 이름으로 소개되었는데 역할과 사람을 고려하는 유일한 프로젝트 관리 도구로 알려져 있다. 이 도구를 활용하여 R&R의 모호함을 줄일 수 있는 방법에 대해 살펴보자.

'RACI'의 각 앞 글자는 개인 또는 그룹이 맡고 있는 과업에서의 주요 역할을 의미한다.

- **Responsible(책임)**: 해당 작업을 실제로 수행하는 사람
- **Accountable(최종 책임)**: 작업의 결과에 대해 최종적으로 책임지는 사람
- **Consulted(참고)**: 작업에 대해 의견을 제공하거나 조언하는 사람
- **Informed(보고 대상)**: 작업의 진행 상황에 대해 통보받는 사람

신제품 기획 및 개발 프로젝트에서 각 부서가 협업하는 상황에 RACI 매트릭스를 적용한 예를 살펴보자.

[표 12] 신제품 기획 및 개발 프로젝트 RACI 매트릭스

작업/활동	마케팅팀	개발팀	품질관리팀	영업팀
제품 콘셉트 개발	A	R	C	I
시장 조사	R	C	I	A
제품 디자인	I	R	C	I
생산 프로세스 설정	I	R	A	I
품질 테스트	I	C	R	A
출시 전략 수립	R	I	I	C
판매 채널 확보	C	I	I	R
제품 출시 이벤트 준비	R	I	I	A

이 매트릭스를 여러분께서 먼저 해석해 보는 것을 추천한다.

우선 제품 콘셉트 개발은 개발팀이 제품 콘셉트를 개발하며 최종 책임은 마케팅팀이 진다는 점을 알 수 있다. 품질관리팀은 이 과정에서 의견을 제공하고, 영업팀은 제품 콘셉트 개발에 대한 정보를 제공받는다는 것을 알 수 있다.

이런 식으로 여러분이 스스로 RACI 매트릭스가 의미하는 바를 해석하는 연습을 함으로써 소속된 조직에서 좀 더 효과적으로 활용할 수 있을 것이다.

RACI 해석

1. 시장 조사: 마케팅팀이 시장 조사를 주도하고, 영업팀이 최종 책임을 진다. 개발팀은 조사 과정에서 참고 자료를 제공하며, 품질관리팀은 조사 결과에 대한 정보를 받는다.

2. 제품 디자인: 개발팀이 제품 디자인을 주도하고 최종 책임을 진다. 품질관리팀은 디자인 과정에서 조언을 제공하며, 마케팅팀과 영업팀은 진행 상황을 보고받는다.

3. 생산 프로세스 설정: 개발팀이 생산 프로세스를 설정하고, 품질관리팀이 최종 책임을 지며, 마케팅팀과 영업팀은 과정에서 정보를 제공받는다.

4. 품질 테스트: 품질관리팀이 품질 테스트를 주도하고, 영업팀이 테스트 결과에 대한 최종 책임을 지며, 개발팀은 과정에서 의견을 제시하며 마케팅팀은 정보를 제공받는다.

5. 출시 전략 수립: 마케팅팀이 출시 전략을 수립하고 영업팀은 과정에서 중요 정보를 제공하고 협업하며, 개발팀과 품질관리팀은 이 과정에서 정보를 제공받는다.

6. 판매 채널 확보: 영업팀이 판매 채널을 확보하고 마케팅팀은 과정에서 필요한 조언을 제공하며, 개발팀과 품질관리팀은 이 과정에서 정보를 제공받는다.

7. 제품 출시 이벤트 준비: 마케팅팀이 이벤트를 준비하고 영업팀이 최종 책임을 지며, 개발팀과 품질관리팀은 정보를 제공받는다.

여러분께서 꼼꼼하게 이 RACI 매트릭스를 해석해 봤다면, 이상한 점이 있다는 것을 확인했을 것이다. 모든 작업에는 A(최종 책임)가 존재하는 것이 정상인데 앞의 샘플에는 A가 누락되어 있는 경우가 꽤 있었다.

보통 RACI 매트릭스를 활용할 때 기본 원칙으로 한 과업에 대해 R, A가 중복되지 않게 그 역할을 명확하게 나누도록 가이드하는 것이 일반적이나, 실무 현장에서는 R/A를 모두 한 부서에서 담당해야 하는 경우도 꽤 있다.

예를 들면, 앞의 분장표에서 판매 채널 확보는 영업팀의 R(역할)이자 A(최종 책임)라고 볼 수 있다. 이러한 경우에는 영업팀의 셀에 R/A를 동시에 표기하여 그 최종 책임을 명확하게 규정하는 것이 현실적 RACI 매트릭스의 활용법이라고 할 수 있다.

이렇게 RACI 매트릭스를 작성해 봄으로써 R&R이 모호한 부분을 쉽게 파악하고, 각 부서와 부서 간에 과업 단위로 어떤 역할을 수행해야 하는지 명확하게 만들 수 있다(특정 부서가 누락되거나 과중한 책임이 부여된 것은 아닌지 조직 전체 차원의 효율화 차원에서의 활동도 가능하다).

프로세스의 모호함 해소

다음은 프로세스의 모호함을 해소할 수 있는 방법에 대해 함께 살펴보자. 부서 간 협업이 원활하게 이루어지지 않는 원인으로 프로세스가 지향하는 활동 방향과 구체 내용이 불명확하다는 점을 살펴보았다. 그리고 그러한 상황을 유발하는 것은 '기준의 부재' 때문이었는데, 이는 의사결정 측면, R&R 측면, 기술 및 도구 측면, 정책 및 규정 측면으로 좀 더 구체화하여 통합적으로 그 원인을 파악할 수 있다.

다음 [표 13]은 주요 영역에 대해 부서와 부서 간 협업이 이루어지는 실무 현장에서 활용해볼 수 있는 체크리스트다.

체크된 개수가 3개 미만은 '매우 심각', 3~5개는 '심각', 6~9개는 '보통', 10~13개는 '좋은 상태', 14개 이상은 '매우 훌륭'으로 부서 간 협업 프로세스의 운영 수준을 해석할 수 있다.

다만, 개수와 관계없이 자신의 조직에서 부서와 부서 간 협업 과정에서 수행하고 있지 않은 활동을 보완하는 방식으로 체크리스트의 내용을 활용하는 것을 추천한다.

이 체크리스트를 활용하여 프로세스의 모호함이나 부족한 부분을 발견했다고 가정해 보자. 그 후에는 어떤 활동을 수행해야 할까? ERRC^{Eliminate, Reduce, Raise, Create} 프레임을 활용하여 프로세스의 수준을 높여 나가는 것을 추천한다.

[표 13] 부서 간 협업 프로세스 적절성 점검 체크리스트

관점	내용	점검해 볼 사항	여부
의사결정 측면	효과적이고 명확한 기준 설정	프로세스 각 단계는 효과적으로 설계되어 운영되고 있는가?	
		세부 단계별로 명확한 운영 기준을 설정하고 부서 간에 공유하고 있는가?	
		정기적으로 기준을 검토하고 부서 공동으로 업데이트하고 있는가?	
	피드백 시스템 구축	부서 간에 정기적인 피드백 세션을 운영하고 있는가?	
		피드백 제공 시 구체적이고 실행 가능한 조언을 포함하고 있는가?	
		피드백 후 실행 여부를 함께 모니터링하고 있는가?	
R&R 측면	명확한 역할과 책임 정의	각 부서의 역할과 책임을 명확히 정의하고 문서화했는가?	
		부서 간의 역할과 책임이 중복되지 않도록 조정하고 있는가?	
		각 부서의 역할과 책임에 대해 정기적으로 공유하고 있는가?	
기술 및 도구 측면	필요 기술/도구 지원	필요한 기술/도구를 도입하여 활용하고 있는가?	
		각 부서가 기술 도구를 활용하고 있는 수준을 점검하고 있는가?	
		좀 더 효과성이 높은 새로운 기술/도구를 검토하고 있는가?	
	충분한 교육/훈련 제공	각 단계에서 필요한 역량에 대한 교육 훈련을 정기적으로 제공하고 있는가?	
		새로운 기술이나 도구 도입 시 추가 교육을 실시하고 있는가?	
		교육의 효과를 평가하고 그 결과에 대한 활동을 수행하고 있는가?	
정책 및 규정 측면	자원 배분 최적화	절차, 기준 등을 문서화하여 공유하고 있는가?	
		각 단계에 필요한 자원을 객관적으로 평가하고 있는가?	
		자원 사용 현황을 모니터링하고 조정할 수 있는 시스템을 갖추고 있는가?	

ERRC 기본 개념

- **Eliminate**: 프로세스 병목 현상을 유발하는 세부 Issue 중 제거가 필요한 항목
- **Reduce**: 병목 현상을 유발하는 세부 Issue 중 줄이거나 감소해야 하는 항목
- **Raise**: 병목 현상을 극복하기 위해 늘리거나 강화해야 하는 항목
- **Create**: 병목 현상을 극복하기 위해 새롭게 시도해야 하는 항목

예를 들어 지주사 HR과 사업회사 HR 간 Role 정립을 협업 과제로 갖고 있는 조직의 이야기를 상상해 보자. 사업회사 HR에서는 인재 개발 시스템을 구축 및 운영하고, 지주사 HR에서는 그룹 차원의 인재 전략과 육성 프레임워크 개발 및 제시하는 것이 상호 유기적으로 작동하기를 희망한다.

이 과업에 대해 협업 프로세스가 그룹 차원의 인재 육성 전략 수립 (사업 회사별 인재 육성 시스템 구축 – 인재 육성 시스템 운영 – 성과 모니터링 – 공유/피드백)을 통한 인재 전략 고도화 등의 5단계로 구성되어 운영 중이다.

[그림 28] 협업 프로세스(예)

그룹 차원의 인재 육성 전략 수립	사업회사별 인재 육성 시스템 구축	인재 육성 시스템 운영	성과 모니터링	공유/피드백 인재 전략 고도화

그런데 이 협업 프로세스에 대해 앞에서 살펴본 체크리스트(표 13)를 활용하여 체크해 봤더니 운영 과정에서 전략의 해석 차이로 인해 실행 우선순위와 방법의 차이가 발생하고 있었다. 그리고 사업 상황에 따른 우선순위와 자원 이슈로 시스템 구축 및 활용에 편차가 발생하고 있다는 것을 발견하였다. 또한, 사업회사별로 육성 및 성과 평가 기준과 개선의 편차가 크고, 피드백 사항의 반영에 대한 기대 차이가 발생하고 있었다. 즉 Gray Zone이 프로세스의 각 단계마다 발생하고 있는 것이다.

이를 통해 프로세스의 모호함, 부족함이 확인되었을 때 부서 간에 원활한 협업 프로세스가 작동하기 위해서는 ERRC 차원의 활동을 단계별 이슈에 기반해서 접근할 수 있어야 한다는 점을 알 수 있다.

예를 들어, 육성 전략 수립 단계에서는 모호한 용어와 목표를 제거하고^{Eliminate}, 인재 육성 전략에 대한 지주사–사업회사 간 통합 목표를 수립^{Create}하는 것을 생각해 볼 수 있다.

육성 시스템 구축 단계에서는 불필요한 보고 단계를 축소하고^{Reduce}, 사업회사별 시스템 구축 이슈 및 모범 사례 공유를 강화^{Raise}하는 활동을 생각해 볼 수 있다.

육성 시스템 운영 단계에서는 보여주기 식 운영 및 보고를 제거하고^{Eliminate}, 운영 성과를 실시간으로 공유하는 플랫폼을 도입^{Create}하는 활동을 생각해 볼 수 있다.

이런 식으로 프로세스 각 단계별로 발생하는 구체적인 이슈를 확인하고, 그 이슈에 대해 제거, 감소, 증대, 창조 등의 ERRC 측면의 해결 활동을 고민하면 좀 더 효율적으로 해결 방안을 도출할 수 있다는 점을 참고해 주기 바란다.

다음 [그림 29]는 이 내용을 도식화하여 작성한 샘플이다.

[그림 29] 협업 프로세스 고도화를 위한 ERRC 활동(예)

협업 프로세스	그룹 차원의 인재 육성 전략 수립	사업회사별 인재 육성 시스템 구축	인재 육성 시스템 운영	성과 모니터링	공유/피드백 인재 전략 고도화
	· Key Activity · Deliverable	· Key Activity · Deliverable	· Key Activity · Deliverable	· Key Activity · Deliverable	· Key Activity · Deliverable
Gray Zone	· 전략의 해석 차이로 인한 실행 우선순위, 방법의 차이 발생	· 시스템 구축 및 활용 편차 (사업 상황에 따른 우선순위, 자원 이슈 등)	· 사업회사별 육성 성과 평가 기준 및 개선의 편차	· 수집 데이터 및 성과해석 의 편차 · 피드백 사항의 반영에 대한 기대 차이 발생	

효과적 협업 프로세스를 위한 ERRC	육성 전략 수립 단계	육성 시스템 구축 단계	육성 시스템 운영 단계	성과 모니터링 단계	육성 전략 고도화 단계
	Eliminate: 모호한 용어/목표 제거 Create: 인재 육성 전략에 대한 지주사-사업회사 통합 목표 수립	Reduce: 불필요한 보고 단계 축소 Raise: 사업회사별 시스템 구축 이슈 및 모범 사례 공유	Eliminate: 보여주기 식 운영 보고 제거 Create: 운영 성과 실시간 공유 플랫폼 생성	Raise: 정확한 데이터 적기 입력 Raise: 동일 기준 데이터 입력 분석을 위한 분석 통합시스템 강화	Raise: 성공 실패 균형 잡힌 투명한 결과 공유 및 피드백 문화 강화 Create: 실무자 주도 HR 정기 포럼, WS 등 소통 커뮤니티 개설

PPIN 프레임워크의 활용

마지막으로 부서와 부서 간 협업을 강화할 수 있는 프레임워크를 살펴보자. PPIN이라는 프레임워크인데 Problem(문제), Position(문제에 대해 취하고 있는 입장), Interest(문제에 대한 이해관계), Needs(숨겨져 있는 니즈)의 앞 글자를 딴 것이다.

[그림 30] PPIN

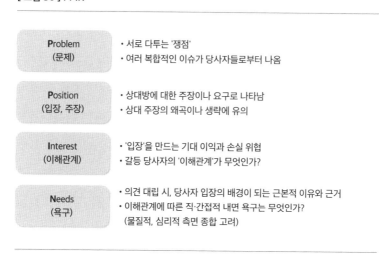

다음은 2024년 추석, 어떤 한 가정에서의 귀성 교통편 문제로 벌어진 일이다.

남편은 차량을 이용해서 시골에 내려가자는 입장이었고, 아내는 SRT를 이용해서 내려가자는 입장이었다. 둘의 입장은 좁혀지지 않았다. 그런데 가만히 두 부부와 대화를 나누어 봤더니 남편은 얼마 전에 바꾼 새 차를 장거리 운전에 이용해 볼 수 있다는 기대와 추석에 차를 두고 내려가 있는 동안 주차장에서 누가 흠집이라도 내면 어쩌나 하는 두려움이 있었다. 그에 반해 아내는 차 막힘 없이 빠르게 귀향할 수 있다는 기대가 있었다. 승용차를 이용해서 내려갈 경우 남편이 피곤할 때마다 운전을 바꿔 해야 하는데 괜히 얼마 전에 바꾼 차를 자신이 운전하다 사고라도 내면 어쩌나 하는 두려움이 있었다.

결정적으로 남편은 새로 바꾼 차를 끌고 가서 친구들에게 바꾼 차를 자랑하고 싶다는 니즈가 있었고, 아내는 기차를 타고 가서 빨리 시댁에 들렀다 한시라도 빨리 친정으로 가고자 하는 니즈가 있었다.

이처럼 추석의 귀성 교통편이 일치하지 않는다는 문제의 본질이 PPIN 분석을 통해 수면 위로 드러났다. 각자 갖고 있는 이해관계와 니즈를 파악하게 되면 문제해결의 방향도 달라진다. 단순하게 무엇을 타고 귀향하는지의 문제가 아니다.

이 경우에는 승용차를 타고 가되 아내는 시댁에 잠깐 인사만 드리고 친정으로 갈 수 있게 남편이 배려해 주고, 아내는 남편이 친구들과의 모임에 나갈 때 아이들을 맡아 주는 것으로 합의를 볼 수 있다.

부서 간의 협업이 잘 이루어지지 않고 서로 간의 입장이 대립될 때 이와 같은 PPIN 분석을 통해 효과적으로 갈등을 조정하고 조율해 볼 수 있다.

김훈남 팀장은 6개월 전 경력직으로 입사한 디지털마케팅팀 팀장이다. 이전 직장에서 약 13년 동안 풍부한 경험을 쌓으며 뛰어난 성과를 거두었고, 이로 인해 디지털 마케팅팀에 활력을 불어넣기 위해 이 회사에 합류하게 되었다.

마케팅 기획팀의 신인수 팀장은 이 회사에 신입사원으로 입사하여 디지털 마케팅팀의 전임 팀장을 맡았던 사람이다. 그는 직무 경력은 상대적으로 짧은 편이지만, 조직에 대한 이해도와 헌신으로 높은 평가를 받았으며, 이로 인해 젊은 나이에 디지털 마케팅팀 팀장으로 선임되었던 이력이 있다.

최근 디지털 마케팅 활동이 활발해지면서 업무량이 증가하고, 팀원들도 확충되었다. 김훈남 팀장과 신인수 팀장은 각자의 팀을 이끌면서 함께 협력해야 하는 상황에 놓였지만, 두 사람의 협력은 생각만큼 순조롭지 않았다.

주간 미팅에서 투자 채널 선정을 놓고 갈등이 결국 터지고 말았다.

김훈남: 담당님, A 제품 홍보 효과를 극대화하기 위해서는 SNS 채널에 신속하게 비용을 투자해야 합니다. 경쟁사들도 지금 SNS에 집중적으로 투자하고 있는데, 우리도 발 빠르게 움직여야 합니다.

김이나 담당: 신인수 팀장님의 생각은 어떠세요?

신인수: 저는 다르게 생각합니다. 지금까지 우리 회사의 경험을 보면, 포털에 투자하는 것이 더 효과적이었습니다. SNS 쪽은 투자 대비 효과

가 미미했습니다. 포털에 더 집중하는 게 나을 것 같습니다.

김훈남: 그건 이전에 우리가 SNS에서 제대로 된 전략을 펼치지 못해서 그렇습니다. 시장이 지금 SNS로 빠르게 움직이고 있는데, 과거 데이터를 맹신하며 투자하지 않는 건 현명하지 않다고 봅니다.

신인수: 훈남 팀장님은 디지털 마케팅팀이 그동안 제대로 일을 하지 못했다는 말을 하시는 건가요? 훈남 팀장님의 전 직장에서도 SNS에서 크게 성과를 내지 못했잖아요. 왜 과거 성과를 폄하하는지 이해가 안 되네요.

김훈남: 그런 뜻이 아니었습니다. 좀 더 세련된 전략을 통해 SNS에서도 충분히 성과를 낼 수 있다는 의미였죠. 제 경력을 인정받아 이곳에 온 만큼, 제 의견을 존중해 주셨으면 좋겠습니다.

신인수: 기본적으로 새로운 조직에 합류했으면, 그 조직을 존중해야 한다고 생각합니다. 그리고 그동안의 데이터가 훈남 팀장님의 주장을 뒷받침하지 못한다는 걸 저는 마케팅 기획팀 팀장으로서 판단하고 있는 것입니다.

김훈남: 디지털 마케팅은 실시간으로 움직이는 비즈니스입니다. 1~2년 전 데이터를 기반으로 현재 시장을 판단하는 것은 맞지 않습니다. 지금 당장 시장의 흐름에 맞춰 신속하게 대응해야 합니다.

신인수: 그렇다고 해서 충분한 검토 없이 빠르게 진행하는 건 무책임하다고 생각합니다. 우리 팀의 노력이 헛되지 않도록 신중하게 접근해야 합니다.

두 사람의 상황을 보면 겉으로 표출되는 문제는 SNS와 포털 중 어디에 비용 투자를 하는 것이 효과적인지에 대한 의견 대립이다.

이 상황에서 김훈남 팀장은 SNS에 투자하는 것이 시장 트렌드에도 뒤처지지 않고, 투자 비용 대비 더 큰 효과를 볼 수 있다는 입장이다. 그리고 신인수 팀장은 SNS 투자는 효과적이지 않고, 데이터에 기반하여 포털에 투자해야 한다는 입장이다.

하지만 여러분도 두 사람의 대화에서 이미 느끼고 있겠지만, 진짜 문제는 따로 있다. 이를 파악하기 위해서는 Interest와 Needs가 무엇인지에 대해 깊게 고민해 봐야 한다.

김훈남 팀장의 기대는 자신의 전문성을 조직과 상사에게 증명하고 싶다는 것이다. 그리고 경력직으로서 조직의 히스토리에 대해 충분히 이해하지 못하고 있다는 점이 드러나는 것에 대해 손실 위협을 느끼고 있는 것으로 볼 수 있다.

신인수 팀장은 김훈남 팀장 대비 전체 직무 경력은 짧지만, 조직 히스토리에 대해 충분히 이해하고 데이터 기반으로 의사결정을 하는 등 팀장 역할을 잘 수행하고 있다는 점을 드러내는 것에 대한 기대가 있다고 볼 수 있다. 또한, Agenda의 주도권을 김훈남 팀장에게 넘겨줄 경우 과거에 자신이 맡았던 팀에서 역할을 제대로 하지 못했다는 것으로 평가받는 것에 대해 손실 위협을 느끼고 있을 것이다.

두 사람의 니즈에 대해 고민해 보자.
김훈남 팀장은 해당 분야에 대해 본인이 보유하고 있는 전문적인 식견과 안목을 상사에게 어필하며 조직에 하루빨리 자리 잡는 것이다. 그리고 신인수 팀장은 기획팀으로서 유관부서까지 리딩하며 포괄적으로 업무를 수행할 수 있는 영향력을 확보하는 것일 것이다.

이러한 점을 고려해 봤을 때 신임 팀장의 업무 주도권과 권위는 인정해 주되 조직에서 오랫동안 헌신해 온 기존의 팀장이 전체를 함께 조율하는 방향으로 갈등을 봉합할 수 있을 것이다.

지금까지 부서 간 협업을 저해하는 원인에 기반하여 부서 간 협업을 활성화할 수 있는 구체적인 방법을 살펴보았다. 부서 간 협업에서는 주로 조직 구조나 시스템 차원에서 부서 간 협업의 효과성을 강화할 수 있는 방법을 기술하였다. 그런데 그 기저에는 상사-후배 편에서 다루었던 개인의 적합한 태도가 유지되고 발휘되는 것을 가정하고 있다는 점을 잊지 말아야 한다.

협업은 단순하게 기술적인 접근만으로 해소될 수 있는 주제가 아니다. 조직은 조직대로 일터의 협업을 촉진할 수 있는 제도, 문화, 구조적 조치를 적절하게 취하고, 구성원은 구성원대로 그 제도가 모두 커버하지 못하는 나머지 영역을 개인의 노력과 태도로 해소하고자 노력할 때 조직과 개인 모두 건전한 성장을 만들어 낼 수 있다는 점을 꼭 기억하자.

5장

협업 경험 관리

5장에서는 협업을 요청받고, 실행하고 사후 평가하는 협업의 전-중-후 과정에 걸쳐 협업 경험을 어떻게 좀 더 효과적으로 관리하고 접근할 수 있을지에 대해 확인해 볼 수 있다.

INTRO

앞서 4장에 걸쳐 협업을 잘 끌어내기 위한 개인의 본원적 역량, 협업을 촉진하는 조직 공동체 차원의 환경 설계, 상사-후배-유관부서와의 협업 이슈 및 해결 방안 등을 살펴보았다. 이 모든 과정은 협업이 이루어지는 전-중-후 차원에서 협업 경험을 효과적으로 관리할 때 협업이 보다 효과적으로 이루어질 수 있다는 점에서 이번 장을 마지막으로 준비했다.

협업 경험은 협업 요청을 받아 협업을 인식Awareness하는 단계, 협업의 필요성을 검토Consideration하는 단계, 협업 활동을 수행하며 상호작용Collaboration하는 단계, 협업 결과에 대해 평가Evaluation하는 단계로 나누어 볼 수 있다. 각 단계마다 긍정적 협업 경험을 유발하는 MoTMoment of Truth를 확인하고 각 단계별로 협업 경험을 효과적으로 관리할 수 있는 구체적인 방법을 확인해 보자.

18

협업의 인식

Awareness

협업의 인식^Awareness 단계는 협업이 시작되는 첫 단계로, 협업을 요청하는 사람(요청자)과 협업 대상자(응답자) 사이에 협업의 필요성과 목적이 명확하게 전달되고 이해되는 과정이다. 이 단계에서 협업의 목적, 기대되는 결과, 관련된 이해관계자, 협업이 필요한 이유가 명확히 전달되어야 한다. 협업의 인식 단계는 협업의 성공 여부를 결정짓는 중요한 단계로, 요청자가 전달하는 메시지의 내용과 응답자가 이 메시지를 어떻게 인식하는지가 협업의 전체 과정에 큰 영향을 미친다. 그럼 이 단계에 효과적으로 접근할 수 있는 구체적인 방법에 대해 살펴보자.

좋은 말은 타인을 통해 듣게 하라

만약 여러분이 협업을 요청하고자 하는 상대방의 도움이 절실히 필요하다면 이 접근 방법을 적극적으로 활용해 보는 것을 추천한다. 좋은 말은 타인을 통해 당사자가 듣게 하는 것이 가장 효과가 좋다. 당사자가 협업을 요청하면서 상대방의 능력에 대한 칭찬, 필요성 등을 언급하는 것도 좋지만, 그 내용을 다른 구성원을 통해 직·간접적으로 전달할 수 있다면 그 효과성은 더 크다.

김민지 팀장과 이수민 대리가 회사 카페테리아에서 커피를 마시고 있다. 두 사람은 최근 진행 중인 프로젝트에 대해 이야기를 나누고 있다.

김민지 팀장: 수민 대리, 이번에 우리 팀에서 새로 추진하는 프로젝트에 대해서 들어봤지? 개발팀의 박현우 과장님이 이번에 그쪽 업무를 맡고 계시잖아. 박 과장님이 워낙 일도 잘하시고, 우리 팀과 협업할 때 항상 성과가 좋았잖아.

이수민 대리: 네, 알고 있어요. 박 과장님께서 항상 꼼꼼하게 일 처리를 하셔서 협업할 때마다 저도 배운 게 많았어요. 이번에도 박 과장님과 함께 일할 수 있으면 좋겠네요.

김민지 팀장: 그래서 말인데, 내가 이번 프로젝트에서 박 과장님과 꼭 협업하고 싶거든. 그런데 박 과장님이 요즘 워낙 바쁘셔서 걱정이네. 언제 만날 기회가 있으면 꼭 내가 이번 프로젝트에 함께하고 싶어 한

다고 말이라도 한번 전해 주세요.

이수민 대리: 알겠습니다, 팀장님. 제가 박 과장님 만나 뵙게 되면 꼭 말씀 드릴게요.

개발팀 사무실

이수민 대리가 개발 부서의 박현우 과장을 찾아가 간단한 업무 협의를 마치고, 자연스럽게 이야기를 꺼낸다.

이수민 대리: 박 과장님, 이번에 저희 마케팅 팀에서 새 프로젝트 시작하는 거 아시죠? 팀장님이 과장님과 함께 일하고 싶어 하세요. 박 과장님이 워낙 일 잘하신다고 팀장님께서 얼마나 칭찬하시던지. 저도 이번에 과장님과 함께 일하면서 많이 배우고 싶네요.

박현우 과장: (미소를 지으며) 아, 그래요? 고맙네요, 그런 말 들으니까 힘이 나네. 팀장님께서 공식적으로 이야기하시면 저도 긍정적으로 검토해 볼게요. 같이 하면 저도 재미있을 것 같아요!

이수민 대리: 네, 꼭 같이 했으면 좋겠네요! 저도 열심히 하겠습니다.

명확한 메시지로 충분히 공유하라

앞 사례가 가끔씩 활용할 수 있는 전략적 메시지 전달이라고 한다면, 지금 살펴보려는 부분은 협업을 요청하는 첫 단계에 항상 신경을 써야 하는 부분이다. 바로 명확한 메시지로 충분히 공유하는 것이다.

협업을 요청하는 상대방은 협업을 요청하는 배경과 목적이 무엇인지, 관련된 이해관계자가 누구인지 직관적으로 파악하려고 노력하게 된다. 따라서 요청하는 사람이 이야기하는 협업의 목적과 내용이 명확한지 여부, 그리고 요청과 관련된 배경 정보를 충실하게 공유하는지 여부는 요청을 받는 사람의 정서적 만족도에 큰 영향을 미치게 된다. 따라서 협업을 요청하는 첫 단계에서는 메시지를 명확하게 정리하되, 협업 요청 내용과 관련된 배경과 주요 고려 사항을 상대방 입장에서 부족하지 않게 충실하게 준비하여 전달하는 것이 중요하다.

Tip 1. 상대방의 입장을 고려한 맞춤형 메시지 설계

요청하는 대상이 누구인지, 그 사람의 업무 우선순위나 현재 상황을 이해하는 것이 필요하다. 구체적인 상황을 파악하면 할수록 상대방 입장에서 협업 요청을 긍정적으로 받아들일 수 있게 맞춤형 메시지를 설계할 수 있게 된다. 예를 들면, 상대방이 최근에 진행하고 있는 일과 구체적 상황이 어떤 지 확인하고, 그 속에서 겪고 있는 Pain Point에 기반해 상대방이 어떤 이익을 얻을 수 있는지 강조하는 모습을 생각해 볼 수 있다.

마케팅팀의 팀장인 영훈은 최근 진행 중인 대형 캠페인을 위해 디자인팀의 협업이 절실하다. 하지만 디자인팀은 최근 여러 프로젝트로 인해 업무가 과중된 상황이었다. 그리고 팀 내 구성원들은 많은 양의 업무를 처리하고 있음에도 크게 주목받지 못하고 있는 상황에 불만이 누적되고 있었다. 영훈은 디자인팀 민지 팀장에게 캠페인 비주얼 작업 협업 요청을 하기 전에 이러한 상황들을 먼저 충분히 파악했다.

영훈: 민지 팀장님, 요즘 디자인팀이 여러 프로젝트로 바쁘다는 이야기 들었어요. 특히, 새로 론칭한 제품 패키지 디자인도 굉장히 중요한 작업인 걸로 알고 있습니다.

민지: 맞아요, 영훈 팀장님. 지금 우리 팀은 매일같이 전쟁 상태예요. 새 프로젝트도 계속 들어오고 있어서, 솔직히 조금 힘들어요.

영훈: 그런 상황에서 제가 또 부탁을 드리게 되어 죄송한 마음이 큽니다만, 이번 캠페인에서 디자인 팀의 협업이 정말 중요해요. 제 생각에는 디자인팀에서 현재 준비 중인 캠페인의 주요 비주얼 작업을 맡게 되면, 다른 부서들에서도 디자인팀의 기여도를 확실히 인지하게 될 거라고 확신합니다. 이 캠페인이 전사적으로 중요한 만큼 성공하면, 디자인팀이 우리 회사의 중요한 비주얼 전략을 주도할 수 있는 기회를 얻게 될 거라고 생각해요.

민지: 음… 그 부분은 생각하지 못했네요. 다른 부서들이 우리 팀의 기여도를 확실히 알게 된다면, 우리 팀이 지금처럼 고생은 고생대로 하고 존재감은 존재감대로 낮아지는 상황은 벗어날 수 있겠죠?

영훈: 네, 그래서 디자인팀이 이번에 참여해 주신다면, 단순히 캠페인 협업을 넘어서 앞으로 우리 회사 비주얼 전략에서 중요한 역할을 할

수 있을 거예요. 이번 캠페인에 함께하실 수 있을까요?

민지: 팀원들과 협의해 보고, 긍정적으로 검토해 볼게요!

Tip 2. 이해관계자 매핑과 사전 조율

협업 요청과 관련하여 주요 이해관계자를 명확히 파악하고, 그들의 입장을 미리 이해하는 것이 중요하다. 이를 통해 협업 요청 시 예상되는 반응이나 우려 사항을 사전에 고려하고 대응할 수 있다. 협업을 요청할 때 당사자 외의 주요 이해관계자와 관련된 이슈가 함께 언급되는 것이 일반적이다. 그래서 미리 협업을 요청하는 안건과 관련하여 이해관계자가 누구인지, 각자의 입장은 어떨지 등을 가늠해 보고 적절한 대응 시나리오를 준비해 감으로써 협업을 요청하는 상대방에게 적절한 정보를 충실하게 제공하고 논의할 수 있다.

Tip 3. 소통 채널 설정

협업 요청을 하는 첫 만남에 충분한 정보를 준비한다고 하더라도 항상 부족한 점은 있기 마련이다. 그래서 협업을 요청한 후에는 상대방이 이를 어떻게 받아들였는지 확인한다. 그리고 추가적으로 논의가 필요한 사항에 대해 효과적으로 소통할 수 있는 소통 채널을 확보해 두는 것이 중요하다. 협업 요청 후에 상대방에게 메신저나 메일로 간단한 확인 질문이나 첫 미팅 내용을 요약해서 상대방이 어떻게 인식하고 있고, 어떤 내용이 더 필요한지 확인하여 지원하는 것이 필요하다.

Tip 4. 협업의 핵심 내용은 시각화

협업 요청을 할 때 메시지를 명확하게 전달하고자 한다면 시각화할 수 있는 부분은 최대한 시각화하는 것을 추천한다. 특히 협업을 요청하는 내용이 장기간의 프로젝트인 경우, 일정 등을 시각화하거나 프로젝트의 역할과 책임 매트릭스(ex. RACI), 플로우 차트 등을 활용해볼 수 있다. 이를 통해 협업의 전체 과정과 각 단계의 역할을 쉽게 이해할 수 있게 지원함으로써 협업 요청 사항에 대해 좀 더 직관적으로 파악할 수 있게 된다.

인식 단계에서는 협업이 필요한 이유를 명확하게 정의하고, 이 필요성을 협업 대상자가 이해하도록 돕는 과정을 중심으로 살펴보았다. 협업의 목표와 기대 결과를 명확화하고 이에 대해 상대방에게 배경을 충분하게 전달하여 이해와 신뢰를 형성하는 것의 중요성을 확인해 볼 수 있었다. '첫 단추를 잘 꿰어야 한다'라는 말처럼 협업을 요청받는 순간의 첫 경험은 매우 중요하다는 점을 유념하기 바란다.

다음 [표 14]는 인식 단계에서 활용할 수 있는 체크리스트다.

[표 14] 협업 요청 인식 단계에서의 체크리스트

협업 필요성 명확화	협업이 필요한 이유와 목적을 명확히 정의했는가?
	협업을 통해 달성하고자 하는 목표와 기대되는 결과를 구체적으로 파악했는가?
메시지 전달 전략	협업을 요청하기 전에 타인을 통해 협업 대상자의 긍정적인 평가를 전달했는가?
	협업 요청의 메시지를 명확하고 충분히 전달할 준비가 되었는가?
	협업 요청의 배경과 목적, 그리고 관련된 주요 정보를 충분히 제공할 자료를 준비했는가?
상대방의 입장 고려	협업 요청 대상자의 현재 상황 업무 우선순위, 업무량 등을 충분히 고려했는가?
	협업 요청이 대상자에게 어떤 이익을 줄 수 있는지 강조하는 메시지를 설계했는가?
이해관계자와 사전 조율	협업 요청과 관련된 주요 이해관계자가 누구인지 파악했는가?
	협업 요청 전에 주요 이해관계자들과 사전 조율을 시도했는가?
소통 채널 설정	협업 요청 후 추가 논의를 위한 소통 채널 메신저, 이메일 등을 확보했는가?
	협업 요청 후 상대방의 반응을 확인하고 필요한 후속 조치를 준비했는가?
시각적 자료 준비	협업 요청 내용을 시각화할 자료(프로젝트 일정, 역할과 책임 매트릭스 등)를 준비했는가?
	시각화된 자료가 협업 과정의 명확한 이해를 돕는지 확인했는가?

19

협업의 고려
Consideration

�

고려^{Consideration} 단계는 요청을 받은 사람이 협업에 응할지 여부를 정하게 되는 과정이다. 요청 사항에 대해 인식하고 난 후 어떤 멘탈 모델을 통해 협업에 대해 응할지 여부를 검토하게 되는지 그 과정을 중심으로 살펴보자.

인지 부조화의 작동

앞서 살펴봤듯이, 인지부조화 이론은 자신의 인지(생각, 신념, 태도)가 일치하지 않을 때 불편함이나 스트레스를 느끼며, 이를 해소하기 위해 인지 부조화 상태를 줄이려는 경향이 있음을 설명하는 이론이다. 평소 자신이 건강을 중시한다고 믿는 사람이 흡연을 계속할 때, '흡연이 건강에 해롭다'라는 믿음과 '흡연을 하고 있다'라는 행동 간의 불일치가 인지 부조화를 일으킨다. 이러한 부조화는 심리적 불편함을 초래하므로 이를 해소하기 위해 행동을 바꾸거나(흡연을 중단), 믿음을 수정하는(흡연의 해로움을 과소평가) 등의 방법을 선택하는 것을 의미한다.

협업을 인식하고 난 후 요청받은 사람은 자신의 기존 업무와 협업 요청 내용 간의 목표 일치 여부를 인지하게 된다. 이 과정에서 대부분은 인지 부조화가 발생하게 되는데, 이 부조화를 줄이기 위해 협업 요청을 받아들이는 것이 나의 목표 달성에 나을지, 거절하는 것이 나을지 직관적인 판단을 먼저 내리게 되는 것이다.

예를 들어, 어떤 팀의 팀장이 비용 절감에 중점을 두고 있는 상황에서 다른 부서로부터 추가 예산이 필요한 협업을 요청받았다고 가정해 보자. 이때 그 팀장은 '비용 절감'이라는 자신 팀의 목표와 '추가 예산'이 필요한 협업 요청 내용 간에 부조화를 느끼며 부정적인 태도를 취하게 될 가능성이 크다.

이처럼 인지 부조화 상태가 발생하게 되면, 사람들은 부조화를 줄이기 위해 여러 가지 반응을 보일 수 있다. 대표적인 경우가 요청에 대해 거절 의사를 표현하거나, 자신이 기존에 가지고 있던 생각이나 신념에 부합하는 요소를 찾아보려 요청 내용을 재해석하는 모습을 보인다. 앞서 살펴본 팀장의 경우 비용 절감이 최우선이기 때문에

이 협업은 우리 팀의 목표와 맞지 않는다고 생각하며 협업 요청을 거부하거나, 비용 절감이 중요하긴 하지만 이 협업이 장기적으로 더 큰 이익을 가져올 수 있다고 재해석하는 모습을 상상해 볼 수 있다.

[그림 31] 고려(Consideration) 단계에서의 인지 부조화 작동 과정 시각화

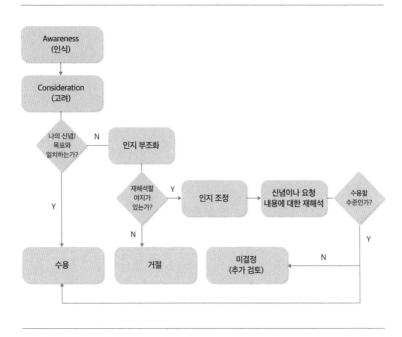

이 내용에 기반하여 상대방의 협업 경험을 효과적으로 관리하는 인지부조화 단계의 몇 가지 Tip을 살펴보자.

첫째, 요청 시 상대방에게 전달하는 메시지를 상대방이 평소 중요

하게 여기고 있는 일의 방향에 부합하는 방향으로 설계해야 한다. 이 부분은 인식 단계의 Tip에서 설명했기 때문에 간략하게만 언급하니 참고하기 바란다(상대방의 입장을 고려한 맞춤형 메시지 설계).

둘째, 상대방이 보이는 반응을 유심히 관찰하고 그 모습에 따라 상대방이 인지 부조화 상태인지 여부와 그 정도가 어느 정도인지를 알아채는 것이 중요하다.

반응 1. 방어적 태도

상대방이 협업 요청에 대해 방어적인 태도를 보일 때 인지 부조화 상태로 생각해 볼 수 있다. 방어적인 태도는 상대방이 자신의 기존 신념이나 목표를 지키려는 심리적 반응으로, 내가 요청하는 협업 내용이 긍정적이지 않다고 느낄 때 나타나는 대표적인 반응이다. 이러한 경우 상대방의 방어적인 태도를 지적하기보다는 상대방의 입장을 존중하는 것이 중요하다. 예를 들면, "저희가 제안한 내용이 부담스러우실 수 있다는 점을 이해합니다"라는 표현으로 상대방의 입장을 인정하는 표현을 하는 식이다. 그 후 상대방이 중요하게 생각하는 요소를 다시 한번 확인하고, 그 내용이 요청한 사항과 연관성을 가질 수 있는 점에 대해 추가적인 설명을 이어 나가야 한다.

반응 2. 회피 또는 지연하고자 하는 모습

이 모습은 스스로 부조화를 해소해 보고자 재해석하는 시도를 했음에도 불구하고, 그것이 여전히 자신 입장에서는 수용하기 어려울 때 주로 나타나게 된다. 이 경우 상대방을 몰아붙이기보다는 상대방에게 좀 더 생각할 시간을 주는 접근이 필요하다. 상대방 스스로도 요청 사항을 수용해 보려고 자신의 신념이나 요청 사항을 재해석하는 시도를 하고 있는 과정이기 때문이다. 따라서 요청한 사람은 상대방이 결정을 내리기 어려워하는 이유를 파악하고, 상대방이 판단을 내리는 데 필요한 추가 정보나 자료를 제공하여 불확실성을 줄여 주는 접근을 해야 한다. "결정을 내리시기 전에 필요한 추가 정보가 있으면 편히 말씀주세요", "며칠 더 고려해 보시고 다음 주쯤 다시 논의할 시간을 가지면 어떨까요?" 등과 같은 표현을 통해 이런 반응을 효과적으로 대응할 수 있다.

반응 3. 과도한 합리화

요청받은 상대방이 자신의 신념이나 태도를 과도하게 합리화하는 모습일 경우 협업 요청을 거부할 가능성이 크다. 이런 경우는 객관적인 내용을 기반으로 논리적으로 접근해야 한다. 협업이 갖는 목적의 중요성이나 필요성을 강조하는 한편, 이 협업이 어떻게 각자의 목표와 연관성을 갖는지 명확하게 제시하는 것이 필요하다. 또 한편으로 상대방이 협업 요청에 대해 비판적이고 부정적인 피드백을 주는 경우, 그 내용을 충분히 듣고 난 후 "말씀해 주신 부분이 타당하고 옳은 지적입니다. 저희가 원활하게 협업을 추진해 나가기 위해 다음 미팅 때까지 지적해 주신 내용을 어떻게 해소해 나가면 좋을지 정리해서 찾아뵙겠습니다" 같은 방식으로 문제해결의 과정으로 요청하는 태도를 취하는 것이 효과적인 경우가 많다.

기대의 작동

인지 부조화로 대표되는 직관적 판단의 과정 후에 대부분의 상대방은 이성적인 상태에 들어서게 된다. 인지 부조화의 단계가 자신이 평소 갖고 있던 신념, 목표 등과 요청받은 내용을 비교해 보며 그 내용을 수용할지 여부를 마음속으로 판단하는 과정이었다면, 기대의 단계는 요청을 받아들임으로써 얻을 수 있는 가치를 이성적으로 평가하는 과정이라고 볼 수 있다. 즉 자신이 협업을 요청받은 내용에 대해 투자해야 할 노력과 그에 따른 보상(성과) 사이의 적절성을 계산적으로 고려한다는 의미이다.

기대는 보통 3단계의 과정을 거치게 된다. 1단계는 내가 현재 보유하고 있는 능력이나 자원 등을 동원하여 요청받은 협업 목표를 달성할 수 있을지 여부를 검토한다. 다음으로 2단계는 그 목표를 달성한다면 조직이나 상대방으로부터 적절한 보상을 얻을 수 있을지 여부를 검토한다. 마지막으로 3단계는 그 보상의 내용과 수준은 자신에게 가치 있는 것일지 따져 보는 과정을 거치게 된다.

각 단계별로 확신이 들지 않게 되면 협업 요청을 거절하게 될 가능성이 커지고, 모든 단계에 대해 긍정적인 판단이 들면 협업 요청을 받아들이게 될 가능성이 커지는 것으로 이해할 수 있다.

이 내용에 기반하여 상대방의 협업 경험을 효과적으로 관리하는 기대 단계의 몇 가지 Tip을 살펴보자.

Tip 1. 협업의 목표를 세분화하여 제시할 것

협업을 통해 달성하고자 하는 목표가 원대하고 거창할수록 그 목표를 세분화하여 상대방에게 제시하는 것이 효과적이다. 목표의 수준이 높을수록 상대방은 목표 달성을 위해 투입해야 할 노력과 부담의 정도가 크기 때문이다. 따라서 상대방이 노력하면 달성할 수 있겠다는 기대를 가질 정도로 목표를 세분화하여 제시한다. 그리고 궁극적인 목표 달성의 모습은 1~2단계의 목표를 달성한 후 좀 더 깊이 논의해 가는 점진적 접근 방식을 추천한다.

Tip 2. 목표 달성 시에 느낄 수 있는 성취감을 상상하게 하기

목표를 달성했을 때 얻을 수 있는 Benefit과 성취감을 자극하는 것도 좋은 방법이다. 이 목표를 달성해서 조직에서 함께 인정받는 모습을 표현한다든가, 유사한 사례를 제시하며 상대방이 이 목표를 달성

함에 따라 얻을 수 있는 Benefit과 성취감을 구체적으로 느낄 수 있게
할수록 긍정적 기대는 높아진다.

Tip 3. 협업 목표 달성에 대한 확실한 보상 제공

협업을 요청한 사람이 상대방에게 줄 수 있는 보상(상위 조직에 협
업 부서에 대한 인정 등)을 확실히 약속하고 실행하는 것이 중요하다.
다만 이때 사내정치나 밀어주기 식의 선례로 왜곡되는 것은 매우 주
의해야 한다. 조직에서는 끊임없이 여러 부서와 협업을 진행해야 하
는데, 이런 식의 나쁜 보상 선례는 사람들이 나와의 협업을 꺼리게
만드는 부정적 요인이 된다는 것을 잊지 말자.

Tip 4. 상대방이 가치 있게 여기는 보상의 종류 파악

사람마다 가치 있게 여기는 보상의 종류가 다르다. 누군가는 자신
이 기울인 노력을 타인들 앞에서 인정해 주는 것이 가치 있는 보상이
되기도 하고, 누군가에게는 연말 평가 시즌에 노력한 부분이 반영되
는 것이 가치인 경우도 있다. 협업을 요청하는 사람은 보상의 종류를
폭넓게 접근하여 상대방이 가치 있게 여기는 보상을 파악하고, 그에
부합하는 보상이 상대방에게 제공될 수 있게 노력을 기울이는 것이
중요하다.

[그림 32] 보상의 개념적 구분

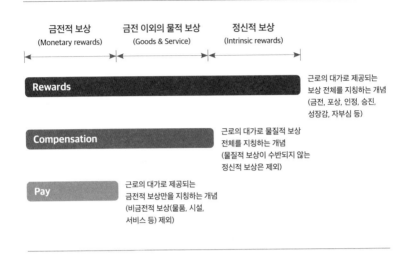

자원 및 리스크 평가

기대는 협업의 목표 달성 가능성에 대한 개인의 믿음이 개입된 평가라고 볼 수 있다. 기대 단계를 거치고 나면 마지막으로 상대방은 자원 및 리스크 평가 단계에 접어들게 된다.

협업을 요청받은 사람은 자신의 역량, 시간, 기타 가용 자원 등을 종합적으로 검토하며 협업을 성공적으로 수행할 수 있을지 판단하게 된다. 참고로 단위 부서나 실무 구성원 대부분은 완벽한 정보를 보유하고 있지 않다. 때문에 이 단계에서는 협업을 수행할 만한 충분한 자원과 능력을 보유했는지 여부를 자신이 가진 제한된 정보 범위에서 판단한다는 점을 잘 유념해야 한다.

또한, 상대방은 자원에 대한 평가와 더불어 리스크를 함께 검토하게 된다. 보통 자신이 얻게 될 보상과 감수해야 할 리스크를 비교하며 판단하게 되는데, 자신이 굳이 하지 않아도 되는 일인 경우가 많기 때문에 손실을 회피하려는 경향을 더 많이 띠게 된다(손실에 대해 더 민감하다는 의미이다).

따라서 자원 및 리스크 평가 단계에서는 상대방에게 제공할 수 있는 자원을 구체적으로 제안하고, 리스크가 발생할 경우 대처 방안 등을 함께 제안하며 상대방이 리스크에 대해 갖는 민감도를 낮춰 가는

[그림 33] 자원 및 리스크 평가 단계_ 특성별 소통 전략

	자원 투입 수준	
보상 대비 리스크 높다	리스크 완화 요인 중심 신속한 협업 수행 강조	성공 시 얻을 수 있는 보상 전략적 중요성 강조
낮다	효율적 관리 부담 없이 진행 강조	보상 유형의 다양화 (헌신에 대한 조직 소통) 자원 효율화 강조
	낮다	높다

접근이 필요하다. 각 특성별 소통 전략은 [그림 33]의 매트릭스로 간략하게 요약했다.

　고려 단계를 크게 '인지 부조화 단계 – 기대 단계 – 자원 및 리스크 평가 단계'로 살펴보았다. 협업에 응할지 여부를 고려하는 상대방은 개인의 신념과 일치하는지 여부에서 출발하여 협업에 따른 이익과 손실을 객관적으로 평가하는 단계로 이어짐을 확인할 수 있었다. 즉 상대방이 협업을 고려하는 단계에서는 상대방의 신념과 같은 정서적 영역을 먼저 고려하고, 점진적으로 객관적인 내용 중심으로 접근하는 것이 타당한 접근임을 알 수 있다.

　협업 경험은 정서 관리다. 항상 상대방의 내면에 먼저 초점을 맞춘 후 외부로 한 단계씩 협업의 가능성을 끌어내는 과정임을 유념하자.

20

협업의 진행

Collaboration

협업의 인식과 고려 단계를 거쳐 협업이 진행되는 단계이다. 한 팀이 되어 정기적으로 회의를 진행하며, 각종 이슈에 대해 소통하고 해결하는 과정을 상상해 볼 수 있다. 이 단계는 각자가 자신의 역할을 얼마나 충실하게 수행하는지 여부에 따라 성패가 결정된다. 구체적으로는 소통 및 이슈 조율 태도, 책임감, 문제해결 활동의 수준 등에 따라 협업 경험의 긍정, 부정이 결정된다. 그럼 각 요소 중심으로 내용을 살펴보자.

양보 및 헌신적 태도

협업 과정에서 갈등이나 이해관계의 충돌은 피할 수 없다. 이때 자신의 입장을 고수하는 것보다 팀의 성공을 위해 양보하고 헌신하는 태도가 필요하다. 그리고 그러한 태도를 협업하고 있는 상대방이 느끼도록 하는 것이 가장 중요하다. 구체적으로는 이슈에 대해 논쟁이 발생할 때 부서의 입장보다는 협업팀의 목표를 우선순위에 두고 검토하며 결정하는 모습을 보인다. 그리고 협업 상대방이 이야기하는 사항에 대해 경청하는 모습 등을 통해 양보하고 헌신하는 태도를 강화해 나갈 수 있다.

생산팀과 품질팀은 새로운 제품의 생산을 앞두고 있다.

생산팀은 정해진 일정에 맞춰 빠르게 제품을 생산하여 출하하고자 하는 반면, 품질팀은 제품의 품질을 철저히 검수하고 모든 기준을 만족시키기 위해 시간이 더 필요하다고 주장하고 있다.

최민호 팀장(생산팀): 현주 팀장님, 이번 제품은 정말 중요한 프로젝트입니다. 약속된 출하일을 맞추려면 이제 바로 생산에 돌입해야 합니다. 시장의 기대가 큰데 기대에 부응해야 하지 않을까요?

김현주 팀장(품질팀): 저희도 그 점을 잘 알고 있습니다, 민호 팀장님. 하지만 몇 가지 테스트가 아직 완료되지 않았어요. 만약 테스트 결과에서 문제가 생기면, 생산 후에 수정하는 데 더 큰 리스크가 따를 수 있습니다. 저는 조금 더 시간을 갖고 품질 검사를 철저히 하는 것이 필요하다고 생각합니다.

최민호 팀장: 품질팀의 우려를 이해합니다. 저희도 품질이 중요한 걸 잘 알고 있죠. 하지만 출하일도 지켜야 하니, 이렇게 해 보면 어떨까요? 유통점에 샘플로 배치할 상품의 생산을 먼저 시작하겠습니다. 그것만으로도 2~3일은 벌 수 있을 것 같은데요. 유통점 샘플 물량을 생산하는 과정에서 품질팀의 피드백도 적극 반영하겠습니다.

김현주 팀장: 민호 팀장님, 이렇게 품질팀의 입장을 고려해 주셔서 감사합니다. 저희도 생산팀에게 일정이 얼마나 중요한지 알고 있습니다. 말씀하신 대로 저희도 최대한 협조해서 문제가 생기지 않도록 하겠습니다. 혹시 생산된 제품에서 문제가 발생하면 즉시 수정할 수 있도록 하겠습니다.

최민호 팀장: 감사합니다, 현주 팀장님. 그리고 투명하게 진행하기 위해 매일 짧게 피드백 회의를 하면 어떨까요? 서로 실시간으로 의견을 교환하고 문제를 즉각 해결할 수 있도록요.

김현주 팀장: 좋은 생각이에요. 그렇게 하면 저희도 안심하고 생산을 지원할 수 있을 것 같습니다. 피드백 회의는 꼭 필요하다고 생각해요. 함께 힘을 모아 보면 좋겠네요.

이 사례에서 두 팀은 각각의 우려와 요구사항을 존중하고, 상대방이 협업 과정에서 느낄 수 있는 불안이나 어려움을 최소화하기 위해 적극적으로 양보하고 헌신하는 태도를 보였다. 특히 생산팀이 협업의 각 단계를 투명하게 공유하고 품질팀의 피드백을 실시간으로 반

엉하셨다고 약속한 점은 품질팀에게 큰 신뢰감을 주었고, 이로 인해 품질팀은 협업에 대한 만족도와 신뢰를 높일 수 있었다고 볼 수 있다.

가치(본질) 중심의 판단과 행동

협업에서 목표와 가치는 협업의 방향성을 결정하는 매우 중요한 요소다. 협업하는 과정에서 모든 구성원은 조직의 본질적 가치를 염두에 두고 판단하고 행동하는 것이 필요하다. 이를 위해서 협업이 이루어지는 주요 단계마다 추구하려는 가치(본질)를 잘 준수하고 있는지 점검하고 조정하는 과정을 거치는 것이 중요하다. 간혹 이러한 모습을 꺼리거나 실질적이지 않다고 폄하하는 경우가 있는데, 여러 사람이나 부서와 협업하며 일해야 하는 사람에게 매우 치명적인 모습이 될 수 있다는 점을 유념해야 한다.

유아용 제품을 만드는 회사에서 새로운 제품을 기획하여 개발 중이었는데, 개발팀에서는 생산 효율이 높은 소재 중심으로 제안했다. 하지만 그 소재는 친환경 소재가 아니라서 유아용 제품에 반영하기에 적합하지 않았다. 제품 외관에 적용되는 부분이 아니라 적당히 넘어가도 되지 않겠냐는 의견이 있었지만, 당시 프로젝트 리더가 철저하게 친환경 소재로 제품이 개발되고 생산되어야 하는 점을 지속적으로 강조했다고 한다. 그 후 프로젝트팀 내부적으로 유아들에게 제공할 만한 수준인지 여부가 절대적인 검토 기준이 되었다고 한다.

그 제품은 시장에서 큰 성공을 거두지는 못했지만, 그 프로젝트에 참여했던 사람들 모두 유아들에게 가장 안전한 제품을 개발하여 제공한 경험에 대해 뿌듯함을 느꼈다고 전했다.

시장에서 성공하지는 못했음에도 불구하고 긍정적인 경험을 남기게 된 이유는 무엇일까? 아마도 추구하는 가치(본질)가 무엇인지 명확하게 인식하고, 이를 지켜냈다는 것에서 비롯된 감정이 아닐까? 이처럼 협업 과정에는 다양한 이견이 있을 수 있지만, 추구하고자 하는 가치(본질)가 무엇인지 인식하고, 그에 기반하여 소통하고 행동하는 것은 협업의 긍정적 경험을 만들어 내는 데 있어 매우 효과적이다.

R&R의 준수 정도

R&R이 명확하게 정의되고, 각자가 이를 준수할 때 협업은 효율적으로 진행된다. 하지만 그와 반대로, R&R이 불명확할 경우 협업 과정은 혼란을 초래할 수밖에 없다. 이 부분은 앞에서 R&R의 명확한 정의가 갖는 중요성과 그것을 실천할 수 있는 구체 방법(ex. RACI 매트릭스, 정기적 회의 등)을 충분히 소개하였기에 간략하게만 언급한다. R&R을 명확하게 준수하는 것이 협업 과정에서 긍정적 경험에 중요

하다는 점은 다시 한번 유념해 주기 바란다.

문제해결력과 커뮤니케이션

협업 중 발생하는 문제를 해결하는 능력과 원활한 커뮤니케이션은 협업의 성공에 중요한 역할을 하는데, 2장에서 협업을 부르는 개인의 본원적 역량으로 문제해결력과 커뮤니케이션 능력에 대해 기술했다.

협업이 이루어지는 과정에서 효과적으로 문제를 정의하고 해결하며, 그 과정을 탁월하게 소통하는 과정 역시 협업 과정에서 상대방에게 긍정적 경험을 형성하는 데 있어 매우 큰 영향을 미친다는 사실을 다시 한번 확인해 보길 바란다.

협업이 이루어지는 과정에서 상대방의 긍정적 경험을 관리할 수 있는 구체적인 내용으로 양보 및 헌신적 태도, 가치 중심의 판단과 행동, R&R의 명확한 준수, 문제해결력과 커뮤니케이션으로 살펴보았다.

앞서 살펴봤던 내용과 중복되는 부분이 많아 간략하게 기술하였는데, 각각의 내용이 상대방의 협업 경험 관리에 매우 중요한 영향을 미친다는 점을 기억해 주기 바란다.

21

협업의 평가
Evaluation

협업이 이루어지고 난 후 협업 활동에 대해 평가를 내리는 단계다. 활동 결과를 리뷰하고, 결과(성과)를 평가하여 기여 사항과 개선점을 도출하는 활동이 주를 이룬다.

고객이 물건을 구매하고 난 후 제품 사용 경험이 긍정적이었는지를 조사하며 지속적으로 개선해 나가는 것이 중요하다는 것에 대해 대부분 동의할 것이다. 이는 협업에서도 마찬가지다. 협업이 완료되었다고 해서 끝이 아니다. 오히려 협업하고 난 후 협업했던 상대방이 협업을 진행한 과정에 대해 어떻게 느끼고 있는지에 대해 파악하고, 추후 다시 협업하려는 의지를 갖는지 여부가 중요하다. 일터에서의 일은 일회성으로 끝나는 경우가 많지 않기 때문이다.

평가 단계에서 협업한 상대방은 협업 결과의 성과 수준이 우수했는지, 기여에 대해 충분히 인정받는다고 느껴지는지, 협업을 통해 성장이나 성취감을 느꼈는지에 따라 협업 경험에 대해 판단을 내리게 된다.

협업 결과에 대한 평가와 기여에 대한 인정

협업에 대한 결과를 평가하는 것은 협업을 시작하는 단계에서 명확한 성과 지표Key Performance Indicators를 설정해 둘 때 좀 더 효과적으로 이루어질 수 있다. 성과 지표를 설정할 때는 협업의 목적과 목표를 반영해야 하고, 정량적(ex. 매출 증가나 생산성, 프로젝트 납기 등)·정성적(ex. 고객 피드백, 내부 피드백 등) 요소를 모두 포함해야 한다.

이를 기반으로 협업이 종료된 후 성과 리뷰 회의를 열어 협업의 결과를 꼼꼼하게 따져 봐야 한다. 이 과정에서 협업에 참가한 사람들 각자 자신의 소감을 공유할 수 있도록 하고, 협업에 참여한 사람 모두 각자가 기여한 성과에 대해 객관적으로 평가하고 인정하는 시간을 갖는 것이 필요하다.

이때 협업을 주도했던 사람(ex. 프로젝트 리더)이 각자의 성과를 이야기할 때 그것을 객관화하여 평가하되, 그 성과가 프로젝트 진행 과정에 어떤 의미를 가졌는지 피드백을 제공함으로써 그 성과에 대한 의미를 강화해 줄 수 있다. 또 다른 한편으로는 전사 회의나 부서 회의에서 협업 과정에 기여한 팀원들에게 작은 의미의 상을 수여하거나 칭찬하는 시간을 갖는 것도 방법이다. 이는 단순히 결과에 대한 평가만이 아니라 상대방에 대한 감사와 인정의 태도를 드러낼 수 있기 때문에 때로는 객관적 평가보다 훨씬 더 효과가 큰 경우도 있다.

다음은 협업 후에 협업에 참여한 사람에 대해 감사와 인정의 경험을 가질 수 있게 하기 위한 몇 가지 활동이다. 이를 참고하여 본인 조직문화에 맞게 활용할 수 있을 것이다.

활동 1. 리더가 따로 감사 메일 보내기

협업 프로젝트가 종료된 후, 리더가 협업에 참여해 준 상대방에게 개인적으로 감사 메일을 보내는 것은 매우 효과적인 인정 방법이다. 상대방이 프로젝트에 기여한 구체적인 부분을 언급하고, 그 기여가 전체 프로젝트에 어떤 긍정적인 영향을 미쳤는지를 담아 메일을 보내는 것을 추천한다. 리더의 개인적 감사함을 담은 메일이지만 형식이 주는 특성으로 인해 상대방은 공식적인 인정과 칭찬의 느낌을 가지는 경우가 많다. 이를 통해 협업에 참여한 상대방은 자신이 협업 과정에서 중요한 역할을 했다고 느낄 수 있다.

활동 2. 구성원 간 칭찬 게시판 구성(Padlet과 같은 디지털 공간 활용)

구성원들끼리 서로의 기여를 인정하고 칭찬할 수 있는 디지털 소통 공간을 구성하여 운영하는 것도 효과적이다. 보통 3일 내외로 짧고 굵세 운영하는 것이 효과적이다. Padlet(패들렛)과 같은 디지털 게시판에 협업에 참여한 각 구성원에 대해 감사와 칭찬의 글을 남겨 구성원들이 자신이 기여한 내용에 대해 뿌듯함을 느낄 수 있도록 한다. 그러면 협업의 가치에 대해 다시 한번 공감하는 분위기를 조성할 수 있다. 이러한 활동은 서로의 기여를 인정하고, 긍정적인 협업 문화를 조성하는 데 효과가 좋은 편이다.

활동 3. 작지만 재미있는 상장 제작 및 수여

협업이 종료된 후, 협업 과정에서 특별한 기여를 한 팀원들에게 작은 상장을 제작하여 수여할 수 있다. 단순히 성과를 인정하는 형식보다 협업한 구성원들의 분위기를 밝게 하고 웃음을 유도할 수 있는 재미있는 타이틀로 제작하는 것을 추천한다. 예를 들어, '최고의 문제 해결사', '메시지 설계의 마법사', '색감 마스터', '미친 웃음으로 야근하는 그대' 등과 같이 협업에 참여한 구성원들이 공감할 만한 내용을 간단하고 재미있는 문구로 표현할 수 있다. 이는 협업을 함께 진행한 상대방에 대한 깊은 관심과 직·간접적인 인정의 의미를 담고 있어 협업한 구성원들 간 유대감을 높이는 데 효과적이다.

활동 4. 협업 경험 공유 워크숍

협업 활동이 완료된 후 별도의 워크숍을 열어 서로 협업 경험을 회고하고 공유하는 시간을 가질 수 있다. 워크숍에서는 협업 과정에서 배운 점, 도전적이었던 점, 해결했던 과정과 방법, 성공적인 협업을 위한 팁 등을 공유하는 것이 중요하다. 이를 통해 구성원들은 자신이 한 일이 조직 차원에서 어떤 영향을 미쳤는지 깨달을 뿐만 아니라, 협업의 중요성을 다시 한번 공감하게 된다.

[그림 34] 단계별 협업 경험 Journey Map(Moment of Truth)

	Awareness	Consideration	Collaboration	Evaluation
Action	• 협업 요청을 받음 • 요청의 배경과 목적을 들음 • 요청과 관련된 정보 확인 • 관련된 이해관계자 파악	• 협업 필요성을 검토 • 자신의 역할 및 기여도 검토(*과거 경험 상기) • 협업에 따른 Risk/Benefit 검토	• 관련 건에 대해 소통, 조율 • 협업 활동을 수행함 • 피드백을 주고 받음	• 활동 결과 리뷰 • 결과(성과) 평가 • 기여 사항 및 개선점 도출 • 협업 경험 공유 • 향후 협업 기회 논의
MoT (Moment of Truth)	• 미팅 회의 요청 • 협업 목적 및 요청 내용 전달(구두 서면 메신저 등)	• 협업의 필요성 전달 • 요청자가 생각하는 내 역할의 가치 전달 • Risk 및 Benefit 전달 • 유사 사례 Reference 공유	• 정기 회의 • 상대방/나의 역할 수행 모습 - 소통 및 이슈 조율 태도 - 책임감 - 문제해결 활동	• 활동 결과 성과 리뷰 회의 - 목표 달성 수준 확인 - 기여 사항 확인 - 긍정 보완점 도출 • 경험에 대한 느낌
만족도에 영향을 주는 포인트	• 요청의 목적과 내용이 명확한지 여부 • 요청 내용과 관련된 배경과 정보를 충실히 공유하는지 여부	• 협업의 필요성 정도 • 수행해야 하는 역할의 명확성 여부 • 역할 수행의 가치와 기여도 수준 • 제시하는 Risk와 Benefit 구체성과 매력도	• 양보 및 헌신적 태도의 정도 • 협업 과정에서 가치(본질) 중심의 행동 여부 • 협업 과정에서 자신의 R&R 준수의 정도 • 문제해결과 커뮤니케이션 수준	• 협업 결과의 성과 수준 • 기여에 대한 인정 여부 • 협업 경험을 통한 성장감/성취감 정도 • 협업 활동이 남긴 가치의 정도(개인/조직)

　　지금까지 협업의 '인식-고려-실행-평가' 등 협업의 과정 전반에 걸쳐 상대방의 협업 경험을 관리하는 내용에 대해 살펴보았다. 각 과정은 앞서 1~4장까지 다루었던 내용을 기반으로 하는 경우가 많아 좀 더 고려해야 할 사항 위주로 기술하였으니 실제 실무 현장에서 활

용할 때는 이 도서의 선체적인 내용을 통합적으로 활용하는 것을 추천한다.

좋은 협업 경험은 또 다른 협업의 기회를 만들어 낸다. 그리고 그 기회는 너와 나, 우리의 성장과 직결된다.

마무리하며

저는 18년가량 직장 생활을 했고, 2024년 7월에 HRD Consulting 회사를 창업했습니다. 길면 길고 짧다면 짧은 직장 생활을 마무리하며, 저의 지난 시간을 성찰했을 때 저에게 가장 부족한 것이 '협업'이었다고 느꼈습니다.

신입사원 때는 마케터로서 제가 담당하고 있는 채널 실적을 전국 최고로 유지하는 데 급급하여 동료들과 주변 부서들을 보지 못했고, 그룹 연수원에서는 동료들과 협업하기보다는 동료들보다 조금이라도 더 잘하는 데 혈안이 되어 온 에너지를 쏟았습니다.

그리고 저의 마지막 회사였던 곳에 팀장으로 부임한 후, 그전까지 제가 성공의 핵심이라고 믿었던 경쟁 위주의 방식이 저의 지속적인 성장과 성공을 가져다주지 못한다는 사실을 어렴풋이 느끼게 되었습니다.

그러던 중 이른 나이에 암 진단을 받았고, 제가 그동안 맹목적으로 추구해 왔던 것들이 제 삶에 있어 좋은 흔적이 되지 못한다는 점을 알게 되었습니다. 좀 더 쉽게 표현하면 제가 한참 동안 잘못된 방향으로 노력해 왔음을 깨달았다는 의미입니다.

그때부터 저는 다른 사람들과 함께 해낼 수 있는 방향으로 노력하게 되었고, 나보다는 상대방이 어떻게 느끼고 무엇이 필요한지에 대해 더 많은 관심을 기울였습니다. 그런데 아이러니하게도 그런 저의 모습에 주변의 많은 사람이 오히려 더욱 지지와 응원을 보내 준다는 것을 느끼게 되었습니다.

왜 18년이나 지나서야 알게 되었을까요? '수없이 많은 기회가 있었을 텐데…' 하는 후회가 한 번씩 밀려왔지만, 중요한 것은 앞으로의 태도였습니다.

그때부터 협업에 대해 공부하고 생각을 틈틈이 정리하기 시작했습니다. 내용을 정리하면서 그동안 중요하다고 믿어 왔던 것들이 협업이라는 범주 안에서 다루어질 수 있다는 것을 알게 되었습니다. 그리고 이 내용을 저처럼 방향을 잃고 방황하고 있을지도 모를 이 시대의 일터 동료들에게 공유하고 싶었습니다.

저는 협업은 예나 지금이나 우리가 생존하고 성장하는 데 핵심 DNA라고 믿습니다. 그것이 1990년대 후반의 IMF와 같은 경제위기 사태이든, 새로운 시대의 서막이 열렸다고 이야기하는 오늘날의 AI 시대이든 그것이 무엇이든 인간 사회가 유지되는 한 생존과 성공의

DNA는 결국 '협업'으로 귀결될 것이기 때문입니다.

아무쪼록 하루하루 일터에서 성장을 꿈꾸는 동료들이 협업의 가치를 다시 한번 믿고 실천하는 데 이 도서가 작은 참고가 되었기를 진심으로 바랍니다.

성장하는 당신을 응원하며 이 도서를 마무리합니다.

협업 과정에서 우리는 종종 성장의 고통을 겪습니다.

그럴 때 기억해야 할 마법의 단어가 있습니다.

마법의 단어, 성장

회사 생활에 지친 나에게

그 어떤 상황에서도 통하는 마법의 단어가 있다면

그중 우두머리는 '성장'이라는 단어이다.

서로 간의 관계가 틀어져 동료에 대한 미움이 싹튼다.

내가 고민한 만큼 나의 진정한 뜻을 몰라줘 서운하다.

너무 치열하게 매달렸는지 두통이 심하다.

나는 이렇게 살아가도 괜찮은 것인가 하고 하루에 수십 번씩 고뇌한다.

왜 상대방이 나에게 그런 식으로 말했는지 떠올라 밤잠을 설친다.

될 듯 될 듯 풀리지 않는 이 문제는 더 이상 탈출구가 보이지 않아

막막하기만 하다.

계속 이 직장에 남아 있어야 할지, 새로운 기회를 찾아 떠나야 할지

고민이다.

왜 이렇게 해야 하는지 단 하나도 납득되지 않는다.

누군가 툭 던지는 마법의 단어.

"괜찮아. 그게 바로 지금 네가 성장하고 있다는 것이야."

와닿지 않고, 때로는 가뜩이나 아픈데 저런 말을 던지고 가는 이가
얄밉기도 하다.

어느 날, 그 친구는
그간 이 일에 기를 쓰며 온 정성을 쏟아 왔는데
화답 받기는커녕 처절하게 무너져 울었나 보다.

정말 멋지게 잘 해낼 수 있을 것만 같았는데,
마음만큼 해내지 못한 것만 같아 자존심이 토라져 울었나 보다.

그냥 지금부터 함께 도와줬으면 좋겠는데
차마 그 한마디를 입 밖으로 내뱉지 못해 눈으로 울었나 보다.
누군가 툭 던지는 마법의 단어.
"괜찮아. 그게 바로 지금 네가 성장하고 있다는 것이야."

짜증나지만 밀어내지도 거부할 수도 없는 마법의 그 단어가
나와 너를 다시 일으켜 준다.
"괜찮아. 우리는 지금 성장하고 있어."

─《일터에서 어른이 되는 중입니다》 중 발췌

협업의 힘

초판 1쇄 인쇄 2024년 12월 20일
초판 1쇄 발행 2025년 1월 10일

지은이 김성락

기획 이유림 **편집** 정은아
마케팅 총괄 임동건 **마케팅** 안보라 **경영지원** 임정혁 이순미

펴낸이 최익성 **펴낸곳** 플랜비디자인

표지 디자인 스튜디오 사지 **본문 디자인** 박은진

출판등록 제2016-000001호
주소 경기도 화성시 동탄첨단산업1로 27 동탄IX타워 A동 3210호
전화 031-8050-0508 **팩스** 02-2179-8994
이메일 planbdesigncompany@gmail.com

ISBN 979-11-6832-138-0 (03320)